バリ島バリバリ

女たちのムフフ楽園旅行記

Kuma＊Kuma
&
よねやまゆうこ

知恵の森文庫

光文社

この作品は知恵の森文庫のために書下ろされました。

はじめに

私たちの旅は、雑誌に掲載された1枚の写真から始まった。バリ島での火葬式を撮影した写真だ。

遺体を乗せ豪華絢爛に飾られたバテ（輿）が、炎に包まれ燃えている。見守る人々は陽気に笑ってた。

インドネシアの葬式が世界で唯一、観光客に一般公開が許されている、と知ったのはそのときだった。

「なんで葬式を一般公開するの？」

「遺族は悲しくないの？」

「どうしてこんなに明るくて派手なの？」

「外国人が参列してもいいの？」

初めは単純な好奇心からだったけど、調べれば調べるほど疑問がどんどん浮かんできた。テレビや雑誌やガイドブックじゃなく、自分たちの眼で確かめてみたくなった。

①
ねーねー
バリ島って
おもしろそう
だよ♥
えっ、
バリ島？
おもしろい？
BALI
②
キレイな
ビーチがあって──
えー
水こわーい
カナヅチ
BALI
③
バリ舞踊が
見れて──
わー
おかま
みたーい
BALI
④
ガムラン音楽が
聴けて──
まー
おなべ
いっぱーい
BALI
⑤
葬式が
見れるよ
葬式!?
BALI
⑥
ホラッ♥
インドネシアの
葬式は世界で唯一
一般公開が許されて
いるんだって──
黒コゲ
死体だー
スゴイわー
BALI

火葬資金が貯まるまで葬式はやらないんだって〜。遺体が干物みたいにカラカラにならないのかな？
※イメージです
日干し状態
カビ防止！
遺体をホルマリン漬けにするんだって〜。標本みたいにズラ〜ッと並んでたらどーする？
死にたてホヤホヤです
ごくろう！
葬式待ち
火葬資金が貯まったら墓場から死体を掘り起こすんだって〜。他人のと間違えないのかな？
待たせたな♥
ざくざく
今、掘ってるよ♥
ABCD EFGH 52
オレはこっちだーっ
⑧
……。
……。
とまらない妄想
⑨
行ってみよっか……バリ島……
うん……そだね……
へへへ

Part 1 風あたりが強くても

003—はじめに
012—BALI DIGEST
014—BALI MAP
018—葬式追っかけ隊の始まり
◆役にたたない人々
◆葬式案内人ゲットだぜ！
022—暴動と貧困…その後のバリ
024—**chit-chat!**
バリにはコレを持っていこう

↓Q1　移動中、私たちはある光景を目撃（答えは23ページ！）

Part 2 食あたり…でも胃袋はとまらない

↑Q2　バリ流「庶民への道」を教えていただきました（答えは33ページ！）

028－屋台を食いつくせ初級編
032－屋台を食いつくせ上級編
036－レストランを食いつくせ
040－ウマウマゴハンVS.ゲロマズゴハン
042－たまにはリッチにゴハン
044－ジャムーへの誘い
048－魅惑のお菓子の世界
052－フルーツ天国バリ
056－デパート大好き！
060－chit-chat!
実践！屋台で食べよう！

Part 3 あなどれない人あたり度数

064―バリ七変化
◆やっぱり楽しいデンパサール
◆クタはフシギがいっぱい
◆クタ化するウブド
◆人情いっぱいのロビナビーチ
◆何もないチャンディダサ
080―パステカの小屋
088―バリの男は95%がホスト
092―お得意様はおのぼりさん
100―今日も元気にHOTEL CHECK!
112―プチバリ人
114―楽園の住人たち
116―**chit-chat!**
空飛ぶバリ

↓Q3　おめ〜ら…おめ〜らのせいで〜！！（答えは91ページ！）

Part 4 ウハウハ、これぞ大あたり

↑Q4　この雑貨屋さんであるものが半額で買えます（答えは139ページ！）

120－おすすめA級穴場ホテル
124－貸しきり！ステキな遊園地
128－超楽しいテレビタイム
134－映画館を探す旅
136－超ゼイタクな過ごし方
138－なんちゃっておみやげカタログ
144－**chit-chat!**
友だちいっぱいできるかな

Part 5 体あたり…時々ヤツあたり

148—戦う日本人
156—スバラシイ宿
162—持ち家走る？
164—ベモに乗ろう
170—スクールへ行こう
172—日本語学校トホホ日記
176—バビグリンのナゾを追え！
178—ひとりぼっちの1日
180—働く男を探せ！
◆ガムラン　◆観光ガイド　◆それいけ出稼ぎ
◆バティック　◆モダン　◆農業
◆大工　◆塩作り　◆役人　◆バリ絵画
190—恐怖！妄想の日々
192—地元ご用達の美容院体験記
194—マーキングしよう
196—**chit-chat!**
ドリアンキャンディの悲劇
198—ミョ〜？なGALLERY

Q5 このふたりには共通点があります↓
（答えは183ページ！）

Part 6 バチあたりと呼ばないで

↑Q6 なんで彼らは嬉しそうなのでしょうか？（答えは216ページ！）

200－超リッチな葬式を見よう！
◆葬式への道のり　◆葬式全体の流れ
206－通過儀礼エトセトラ
208－イカすぜ職人
◆タダ働きのワケ
212－長い1日
214－パンピーな葬式を見よう！
216－キリスト教の葬式を見よう！
218－それ、迷信？
220－ああ、帰国！
224－**chit-chat!**
バリ人度チェックゲーム
228－おわりに
230－あとがき
232－koson-koson紹介

BALI DIGEST

この中で気になったイラストから見てみよう！

バリの男は95%がホスト
→p88
待って——♥
カワイイね
バリ案内してあげる
クマクマー ユウコー
逃げろ——っ
ベモに乗ろう
→p164
ウソ!?
うそっ!?
バリ人オウム返しが得意
石ゴロゴロ
戦う日本人
→p148
1000エン! 100エン!
←新しい
チョットミルダケ——
パステカの小屋
→p80
屋台を食いつくせ
→p28
これも食べてね
そっちも食べてみた〜い♥
おいしそー♥
Z
爆睡バリ犬

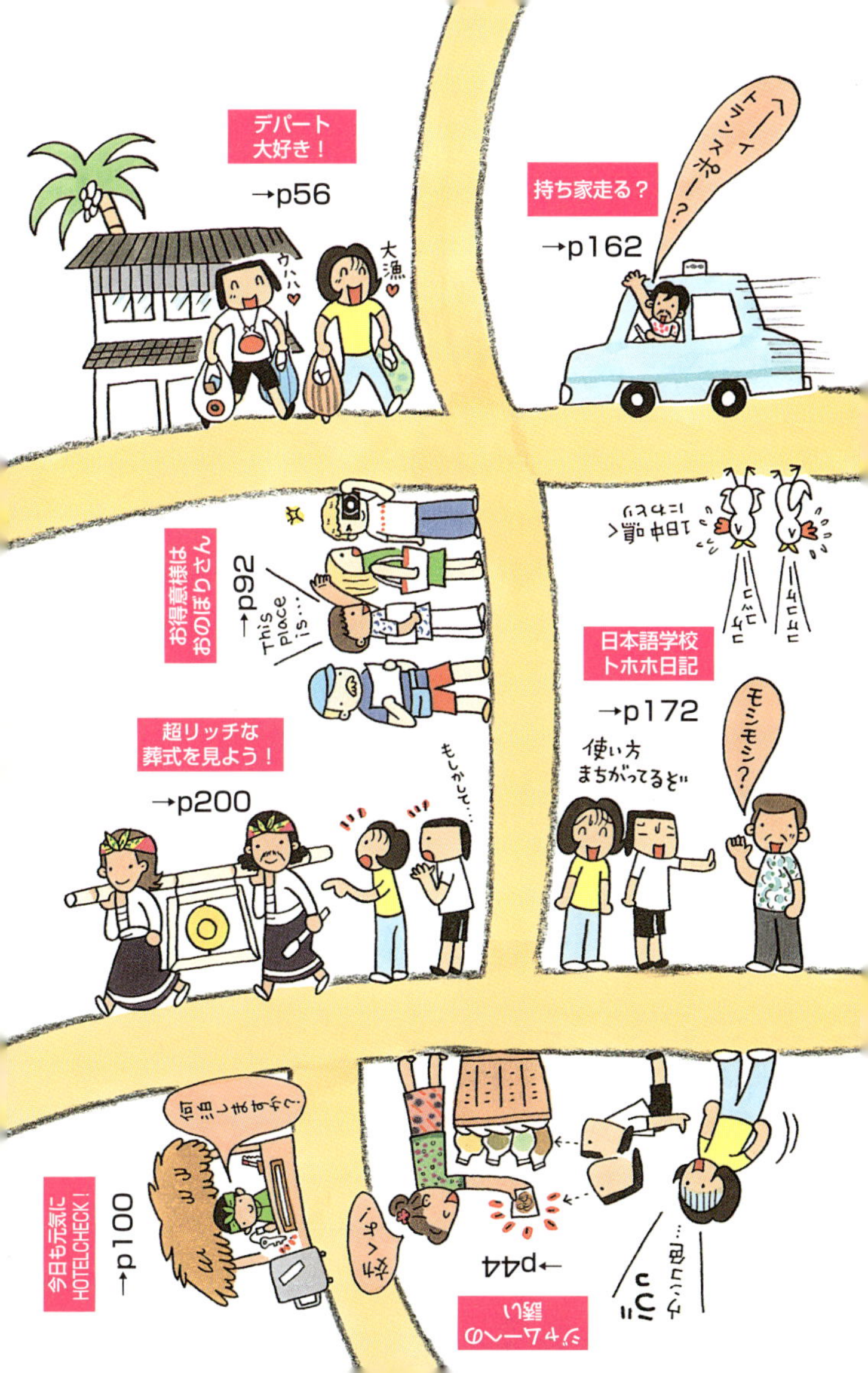

デパート大好き！
→p56
ウハハ
大漁
持ち家走る？
→p162
ヘーイ トランスポー？
1日中鳴く にわとり
お得意様はおのぼりさん
→p92
This place is…
日本語学校トホホ日記
→p172
使い方まちがってるぞ
モシモシ？
超リッチな葬式を見よう！
→p200
もしかして…
何泊しますか？
今日も元気にHOTELCHECK！
→p100
効くよ！
→p44
この匂い…
ジャムーへの誘い

BALI
MAP
シンガラジャ
ロビナビーチ
キンタマーニ
ブラタン湖
バトゥール湖
アグン山
ブサキ寺院
タマン
アユン
寺院
ウブド
チャンディダサ
バドゥブラン
ギャニャール
マス
チュルク
デンパサール
レギャン
サヌール
クタ
空港
ヌサドゥア
0
30km

当たったら死ぬぞー
ぴゅーっ
ひえっ
※ヤシの木の下は気をつけよう!

BALI島豆知識

国名／インドネシア共和国
言語／インドネシア語・バリ語
宗教／バリ・ヒンズー教が全体の95%を占める
　残りはキリスト教や仏教など
気候／熱帯性気候
　4～9月まで乾期、10～3月まで雨期
　朝夕の気温差はあまりなく、日中は35度前後
　雨期はスコールが降るがすぐにやむ
通貨／インドネシア・ルピア（Rp）
　この旅では1000ルピア15円で計算しています

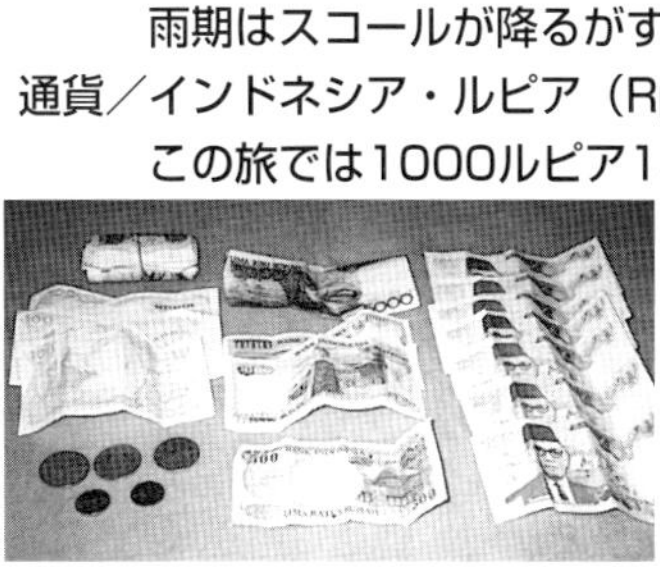

←インドネシア・ルピア（Rp）。1万円を両替するとレートによるが65～70万ルピアくらい。右より1万ルピア、5千ルピア、1千ルピア、500ルピア、1千ルピアの束、100ルピア（紙幣と硬貨）、50ルピア（硬貨）

著者紹介

[よねやまゆうこ]

かっとびイラストレーター。おじさまにモテモテな外見とうらはらに強靭な胃袋と度胸の持ち主。海外旅行が大好きでいち早くバリに溶けこみ、各地で暴れまくる。酒好き。

[Kuma＊Kuma]

ゲリピーイラストレーター。日本では無口なのに、バリに来ると5歳児並みの英語力で1日中しゃべりまくっている。何でもおいしく食べては、必ず腹を下す下痢女。菓子狂。

超カンタン！インドネシア語講座

Selamat pagi【スラマッ・パギ】→おはよう
Apa kabar?【アパ・カバール？】→お元気ですか？
Baik baik【バイク・バイク】→元気です
Orang Japang【オラン・ジュパン】→私は日本人です
Terima kasih【トゥリマ・カシ】→ありがとう
Bagus!【バグース！】→スバラシイ！
Jalan-jalan【ジャラン-ジャラン】→ちょっと散歩に

Part 1

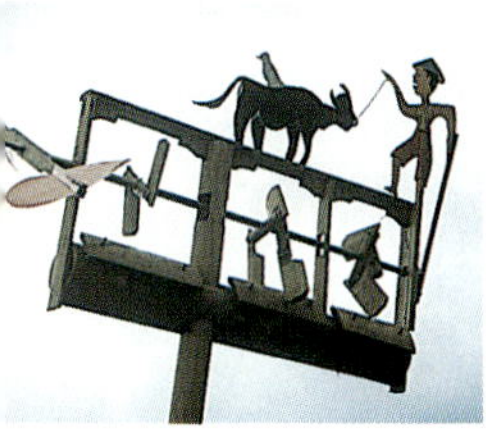

風あたりが強くても

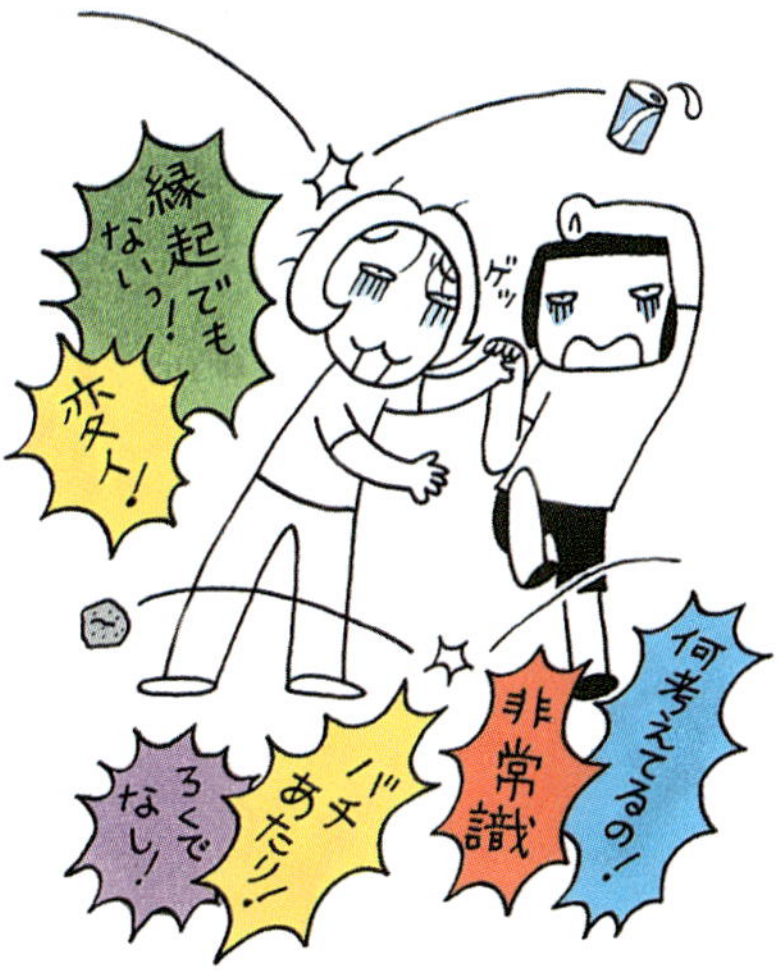
縁起でもないっ!
変人!
ゲッ
何考えてるの!
非常識
バチあたり!
ろくでなし!

葬式追っかけ隊の始まり

葬式が見たい知りたい！情報がない！
ああ、想いはつのるばかり…。

※
●インドネシア政府観光局
やっぱインドネシアの質問ならまずここよね
観光目的のことならおまかせ
バリの葬式を見たいのですが
夏
はぁ？葬式？
冬
必ず載っているバリの公開葬式についてお話しをお伺いしたくて——
ガイドブックに載っていてもプライベートなことなのでわかりません
春
葬式ツアーだってあるのに〜〜
えー
いつ電話しても
観光目的のことしかわかりません

ガイドブックに必ず載っている葬式体験記事。バリに行けば見れるのねと考えてたら、現地じゃいつどこで葬式が行われるか口コミでしか伝わってこない。ガイドブックとのギャップに不満を感じつつ、私たちの必死の聞き込みが始まった。なのに「観光目的じゃないからわからない」「縁起でもない！」「バチあたり！」「道徳心がない！」と1年分は怒られる始末。変人扱いしないで、少しは私らの話を聞いてくれ〜。

※現在、インドネシア政府観光局は閉鎖され、インドネシア共和国広報部が代わりに情報提供サービスを行っています

●バリ専門旅行代理店
知られていなかった
はーーっ 公開葬式!? 縁起でもない
なんで怒られるんだ? バリ文化勉強しろよ
ずぇっ
おかけになった番号は現在使われておりません・・・・
最新のガイドブックに載ってるのに
つぶれていた
●(財)日本インドネシア協会
今までのいきさつを説明
けんけんがくがく
××コーヒー会社さんならインドネシアでコーヒー栽培もしているので何か知っているかも・・・・
はー
トラジャコーヒーうまうま
そんなわけで最終的に
●某コーヒー会社
それなら昨日、インドネシアから帰ってきた者がいるんですよ!
やったー
すげー
今、会議中だから再度、電話を入れるようにいわれた!!
●現地の旅行代理店
1週間前にFAXした
こんな朝早くだれだよー
国際FAXありがとう。でもね、葬式情報は3日前にならないとわからないの。それより～
←バリ人
…で1時間後
ぼくはバリにいたわけではないのですが、葬式は他の行事がないシーズンに多いです。例えば雨季前とか・・・
じ～～ん
こんなに優しい対応されたの初めて

役にたたない人々

てんやわんやでバリに到着。さっそく情報収集だ！という私たちを尻目にガイドも代理店も案内所もイカレた目的にてんでやる気な〜し。

●観光案内所

ラフティングなんかどう？
キンタマーニツアーどう？
ダンス見る？
ペラペラ
ペラ
BALI
ちがう〜〜
そーしき〜

●旅行代理店

典型的な営業マン
超汗かき
アンチョコ
バリのスーパーで買った
何を聞いても……
大丈夫ですよう私のような体型でも…
↑ログセ
なんで体型？
葬式と体型
一緒にすんな
その脂肪
もんだろか

●ガイド

顔もデカイが態度もデカイ
安物バティック
ガイドなのに……
訳 葬式のこと知るにはどうすればいい？
We Want to know about Cremetion Ceremoney. What shall We do?
ダメだこりゃ
こらーきけー
英語になると聞こえないフリをする

葬式案内人ゲットだぜ！

疲れた私たちの前に現れたひとりのバリ人。また物売り？と警戒したら…。

こんにちは
ふにー
疲れたねー
あまりにもスイートな日本語なので…
私パステカ。お金いりません。お友だちになりましょう
日本人ガールから金をちょろまかす悪人?!
ケーカイビーム
ガーン
葬式は今時期ハズレでやってないよ
人の死に時期なんて…
わーん帰りたくないよ
強制送還
また遊びにおいでねー

そうなのだ。ヒンズー教の葬式は豪華絢爛のためお金がかかり、費用が貯まるまで葬式はやらないということが判明したのだった

こうして初めてのバリ旅行は終わった。その後、私たちは彼と文通を重ね、再び訪れたときに葬式案内人をつとめてもらうことになった

暴動と貧困…その後のバリ

パステカと別れた後であの暴動騒ぎが起こった。連日流れるニュースは乱闘シーンばかり。再び訪れたバリで私たちが見たものは…。

BENDERA
PDI
PERJUANGAN
MEGAWATI

街中に貼られたメガワティグッズ

変わったこと

●物価高

ルピア暴落で3倍もハネ上がった。特に観光客しか需要のない品はひどかった。

GATE1
リニューアルしたけどさ
空港税
20,000RP
↓
50,000RP
ダンス観賞料
5,000→25,000
RP RP
ヒドーイ
値上げだ…
ポストカード
1,100RP
↓
2,000RP
ぎゅっ

●清潔になった

その洗剤、旅の残りじゃない？
えっ
前回はよろこんでくれたじゃん
バレたか

●テレビ普及

テレビアンテナ
基地？
ヒマワリ？

●働かない

変わってないこと

もぬけ
タクシィーー
観光客の臭いだけで反応する
タクシーポーズ
ぐるぐる
えくすきゅーずー
万引しちまうぞ
さぼるな
オッ、おめーの店じゃねーか？

●フレンドリー

ナンカオチタヨー
ナマエハ？
イクツ？
カワイー♡
ドコイクー？
1000エン
じ〜〜んっ
これ聞くとバリに帰ってきたーってカンジ

●おばちゃんパワー

ごっちゃり
アタマにちゃぶ台…

●片付けなよ…

一ケ月前にやった演説集会の後片付けをだ〜れもやらない…。

MEGAWATI
しなっ
Yes!! MEGA
MEGA WATI
MEGAWATI YES!!
MEGA
製作費かけすぎ…
やりっぱなしかい…

→目次A1 私たちが目撃したのは、メガワティ党首率いるデモ隊でした

chit-chat!

バリにはコレを持っていこう

旅は荷造りから始まっている。軽くて動きやすくてお金がかからない旅グッズを紹介！

絶対持っていくもの

ペンライト
街灯が少ないので夜の外出の必需品
ノートやファイル
日記
NOTE
たとえ日記でも立派な旅の記録になる
4色ボールペンと首さげボールペン
すぐ書ける
首さげなら
さっ
4色なら色わけできる
ぱっ
透明クリアファイル
BALI 資料 FILE
必要な記事や地図をコピーしてまとめると便利！
軽い！
クスリ
売ってなかった
消毒スプレー
習慣でのむ薬やビタミン剤は1回分ずつ包むとのみ忘れがない
チャック付ビニール袋
ヒミツパンツ
フツーのポケット
裏返し
見ためはフツーのアーミーパンツ
パンツの裏側にぬいつけてあるから絶対落とさない！ファスナー付きだから絶対すられない！
移動日
パスポートと全財産
Rp
¥
観光日
パスポート・写真・保険のコピー
セキュリティBOXキー
もしものときの…
2万円
札束ルピア
フイルム50本
現地で買うと高いので日本で狂い買い
現地でこわれた
予備カメラと電池
何が起こるかわからないのが旅 予備のカメラと電池は必要です

あると便利なもの
ヒコーキの食器
テイクアウトから屋台までお役立度120%
ついでにお菓子も持帰り♪
カート
重い荷物もこれでラクラク
なんちゃって物干しざおに変身!!
ガムテープ
何かと便利!
①めばり
風よけ虫よけにも!
②壁の穴をふさぐ
③カギの固定
④うるさいヤツの口ふうじ(ウソ)
共同サイフ
ゲッまた?
集金の時間です
1人5万ルピア
タクシー、ホテル代、食事etc
共通の出費はここから出す
足りなくなったら同じ額ずつ
補充して明朗会計!
ひも
←ひっかける部分があるといい!!
①荷物をカートにくくりつける
②洗たくロープ
透明ビニールケース
チケット
細かいものもOK!
貴重品を入れてセキュリティボックスへ!
ナイロンバック
乾燥剤入りならぬれた衣服も安心♡
洗剤
カメラのフイルムケース
密封できて便利
役に立ちそうで立たないもの
会話辞典
文法会話は使えなかった…
ウエットティッシュ
ティッシュで十分
抗菌スプレー
シュー
ホテル以外のトイレは和式が多いし、食器もいちいち拭いてたらきりがない…

現地調達したもの
カワイイけど超ジャマ!!
組み立て式ハンガー
1コ1コのパーツがラブリ〜
花の形
パープル
一度組み立ててしまうと
解体も折りたたみもできない※
※移動中カバンの中に入らないので、手持ちするハメに
ぷらぷら
イチコロ
超スグレモノ
殺虫スプレー
ゴッキー・ハエ・蚊・気管支の弱い人間、これ1本でイチコロ
Baygon
スゴイ
じゅー
ぼとぼとぼと
まるでCMのような即効性!!
嬉しくなって2本、日本にお持ち帰り
ゴミ袋
中級ホテルにはゴミ箱がないことが多いのでスーパーの袋で代用
石けん
LUX
ブランド品から紳士用、婦人用、こども用、ファミリー用まである
蚊とり線香
効果まったく日本と同じ
むわむわ〜
むわむわ〜
日本&インドネシア
夢の共演(どこが?)
あら…同じ
生理用ナプキン
現地でも日本製がある

Part 2

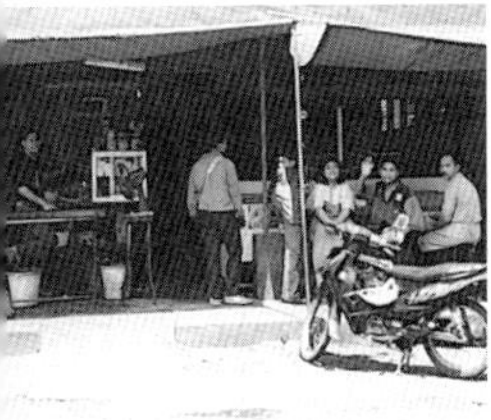

食

あたり…でも胃袋はとまらない

じゃんじゃん持ってこーい
腹に入れてしまえばこっちのもの！
ピーゴロゴロロ

屋台を食いつくせ 初級編

あら日本人だわ
しかも女の子だよ

屋台は庶民の胃袋を満たす味。スパイスの効いた香りに食欲をそそられるよ。

初体験

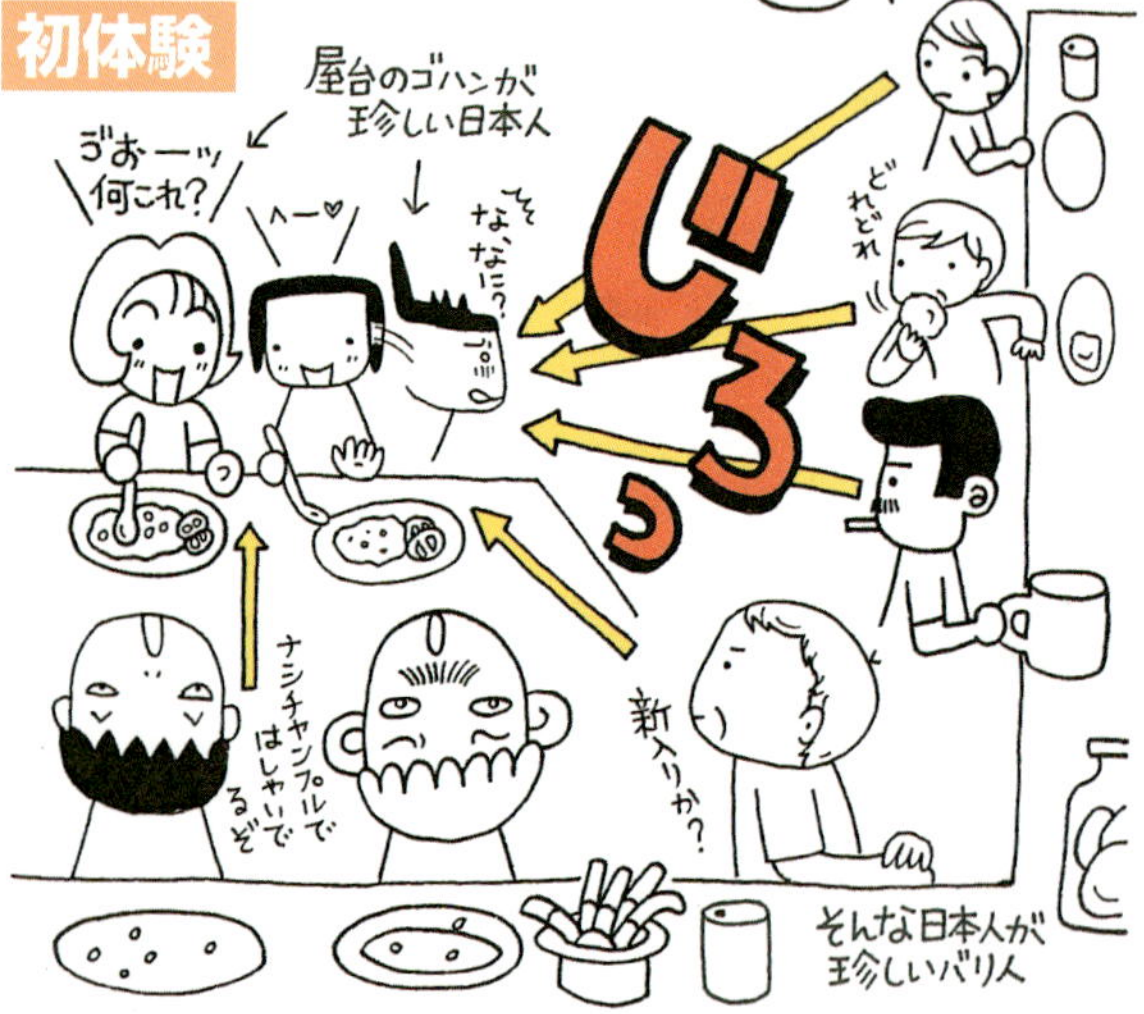

屋台のゴハンが珍しい日本人
ごおーッ何これ?
へー♡
な、なに??
じろっ
どれどれ
ナシチャンプルではしゃいでるぞ
新入りか?
そんな日本人が珍しいバリ人

屋台のゴハンは安くて辛くて激ウマウマ! 私たちもはじめはコレラとか衛生面とか恐れておそるおそる食べてたけど、慣れてくると観光レストランのひかえめな味つけじゃ物足りない。ひとつの皿をみんなで分けたり、作り方を聞いたり、食べ方を教えてもらったり、古くて汚い屋台のおばちゃんがスゴ腕の職人だったり。屋台はみんなの社交場。ここにくればトモダチになれる。楽しくてワクワクする屋台にもっと会いたい!

イカン・ゴレン（バリ風揚げ魚）

ミーゴレン（バリ風やきそば）

BALIといえばコレラ騒動
●生魚
ゲッ マズイよ
●生野菜
ぴとっ
き、汚すぎ！
ぶん
ぶん
●生水
ドバー
●氷
ヒーッ ヤバイぞ
もちろん水道水
ビニール袋
そーだよねえアハハハ
今や掃除機状態
ナサ
ナサ
そーだっけ？
アハハ
だから安心して
コレラ大流行だったら現地人みーーんな死んでるよ

●ジャワワルン

洗礼を受けた動物だけ調理されるのでキレイな料理とされている。醤油ベースの味だから、日本人でもなじみやすい。お試しあれ！

●パダン料理

パダンとはスマトラ島の別名。たくさんの小皿から好みの料理を選んで、食べた分だけの料金を後で払うシステム。どれも激辛。

屋台を食いつくせ 上級編

今日は「ブンコス」してヤシの木の下で食べよう！気分はすっかりバリニーズ！

Madu Ratna

↑カキ・リマの外観

ニセモノ？

いただきまーす
ヤギ肉ね
食べて
みて
ゲエッ
何の肉だよ
あら？コレ
ニセモノね
ただの鳥肉でした……

POINT

カキ・リマって何？

1本
2本
2本

足（カキ）5つ（リマ）という意味。無許可で店を出す人が多いので役人が来たときにスグに逃げ出せるという意味だとか

ミーバクソ（肉だんご入りソバ）

甘いミソつきサテ・カンビン（ヤギの肉）

南国気分

「ブンコス」といえば
テイクアウト用にしてくれる
汁ものはビニール袋に入れて
くれるよ!
バリ人は
右手で食べる
持っててよかった
マイスプーン
マイフォーク♪

↑バナナの葉にくるんでくれた

トッピングも
自由に
選べる

揚げものは
青とうがらしと
交互に食べる
のが現地流。
ブー

庶民への道

きゃーーっ
そのクエに
ココナッツ
つけちゃダメよ!
つけるのは
こっちの
クエよ〜〜
屋台の
おねーちゃん
ほぇ?
うまけりゃ
何でもいいさ〜
ざくざく

↓バイキングした天ぷら

イモ
ナンカ
魚
バナナ

→目次A2 間違った食べ方をしていた私たちに揚げもの屋の夫婦が現地の食べ方を教えてくれた

呼びこみ

ヘーイ ニクダンゴ ヤキトリ！
フィーバー しちゃうぜ
ヤキソバ ヤキソバ
乱れ打ち しちゃうぜ
↑しかも日本語…
前を通るたびに おちゃわん攻撃。
るせー
なぐったろか
おちゃわん没収！
キンキン
カンカン
キカンカ コカコン カキシャカ

鉄人の水

①あるときは 飲料水 （しかも水道水）
ゴクゴク
②またあるときは 皿を洗う水 （しかも水道水）
③またまた あるときは ハエがとまり…… （しかも水道水）
ぶぶーん
ぶーん
その水で…↓
バグース♡

またゲリかなー
ゔーむ
沸かして使ってるというが……

↓にごりまくったアヤシイ水道水

←ただのレバーだった…

ぼりぼりサテ屋

カメは捕獲禁止なのに毎日大量生産しまくるおやじ…。

超人

タイ風カレー
ココナッツカレー
なぜかパイナップル入り
チャップチャイ
ココナッツスープ
なぜかどっちも同じ味……
こんな盛りつけ方でよかったんだっけ？
もちもちラビオリ
具だくさんなガドガド
お皿がザルなのもめずらしー
同じメニューでもレストランによって内容ってかわるよねー
野菜たっぷりでウサギになった気分♡

レストランを食いつくせ

イタリアン・フレンチ・中華・和食…。

バリには人種の数だけ食がある。旅の途中で急に祖国の味が恋しくなっても大丈夫！さてさて今夜は何を食べようかな？

シーフードフライてんこもり
頼むから油を切ってくれ〜

シーフード名物のレストランなのに魚食ってんだか油食ってんだか
油→

地鶏でウマイ!と評判のレストランの地鶏メニュー超ウマウマ♡
私たちのオススメNO.1

「アヤ巻」「ワヤン巻」「マディ巻」って何だろう….
日本人オーナーなのになぜこんなめんなんだ?

ねちょねちょ〜
べとべと〜
それでもこれはうどん

アヤしさプ〜ンプン
PISANG
SALAK

Tambah French Fries ·Reg. Rp. 3.910

バリ限定マックキッズメニューぬいぐるみ
とかげ
カバ
うれしいな〜

バリのレストランの特徴

客室にテレビがあるホテルがまだ少ないせいかほとんどのレストランは娯楽付き。夜はリッチに娯楽ざんまい！

●ダンス付き

気分はオヤジ
右から2番目の娘がかわいーなー♡
いよっ姉ちゃんいいぞ！
ピー
行動がオヤジ

●映画付き

血ドバドバ
ズキューン
ピストル ズギャギャン
オーノー
くぎづけ
ディナーに合わねえ映画
こんなときに肉料理
※日本語字幕ありません

●テレビ付き

また来たね そんなにテレビ好き？
大好き♡
マイビールキープ
店のテレビキープ
マイつまみキープ
店のリモコンキープ

外人仕様

何でしょ、コレ？
すごーくゴージャスなんですけど…
はて？オシャレすぎてオイラにはわかんねーわ
すでにバリ人化
目玉やき
トマト
キラ
キラ
キラ
キラ
そえもの
エビチップ
具いっぱいナシゴレン
きゅうり

アレンジ？

イタリアンレストランに入ったはずが…

オーダー？
ピザひとつね！
ナポリタンひとつね！

と、注文して出てきたのは…

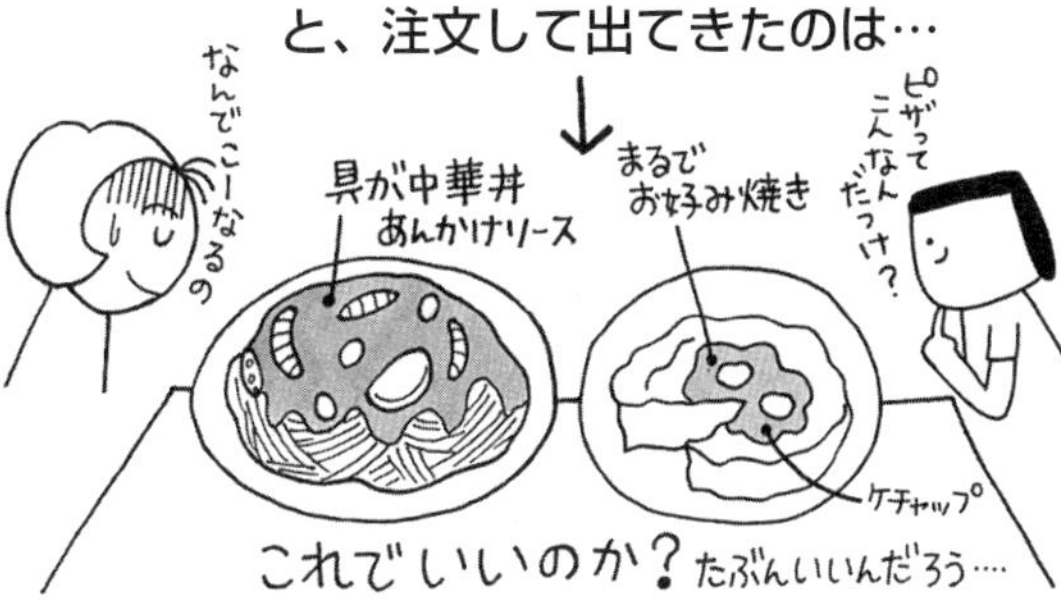
ピザってこんなんだっけ？
まるでお好み焼き
具が中華丼あんかけソース
なんでこーなるの
ケチャップ
これでいいのか？たぶんいいんだろう…

ウマウマゴハン VS.ゲロマズゴハン

第1位 ミーゴレン

イチオシ！
バリ風焼ソバ
このおいしさもーやみつき♥
ゴージャスな卵焼き
塩味
もっちりした太めの麺

第2位 ナシチャンプル

いろーんな具がいっぺんに味わえるから欲ばりさんにオススメ！屋台によって具の種類が違うのも特徴

第3位 ナシゴレン

最もポピュラーなバリ風チャーハン

第4位 ブラックライス

黒米のデザート。冷たいアイス入り

第5位 ミーバクソ

具沢山で一杯30円のバリ風ソバ

第1位
テンペ
ゆで大豆にテンペ菌を入れて発酵
ぷ〜
くさ〜っ
くっさ〜
納豆〜
おえ〜
くっさ〜
ぷ〜ん
第2位
牛肉
こりゃゴムぞーりか…？
ふぬぬぬ
味はマズくないけど、てんでかみきれないこの食感って…
第3位
ブブル
ねちゃーべちゃー
膜はってる
カピカピ
バリでも日本でも、おかゆは冷めたらゲロマズかった〜！
裏ウマウマベスト3
1 ワルンに絶対おいてある ケチャップマニス
甘くて
辛い♡
2 バナナやクエに添えてある ココナッツロースト
サクサク
3 ナシチャンプルによく含まれている ピーナッツ
カリカリコリコリ

たまには リッチにゴハン

屋台のゴハンもいいけれど、たまにはオシャレして高級ホテルのレストランへ！

迷子

ここはどこ？
私は誰？
MAP
おめかしドレス
すっ
すっ
スミマセーン
あの〜
あ…
またムシ
すっ

リッチにオーダー

オージーグループ
どこからきたんだ？
日本人の新婚さん
馬子にも衣装ね
じっ
ミソシル ヤキソバ 日本食ばっかりだ
屋台派
もっとこう リッチならではの 「バビグリン 1頭目の前で グリルコース」とか ないのかなー
Menu

見るからにビンボーそうなふたりがメニューを真剣に見てるのを物珍しそうに見る従業員たち。そんなに珍客？

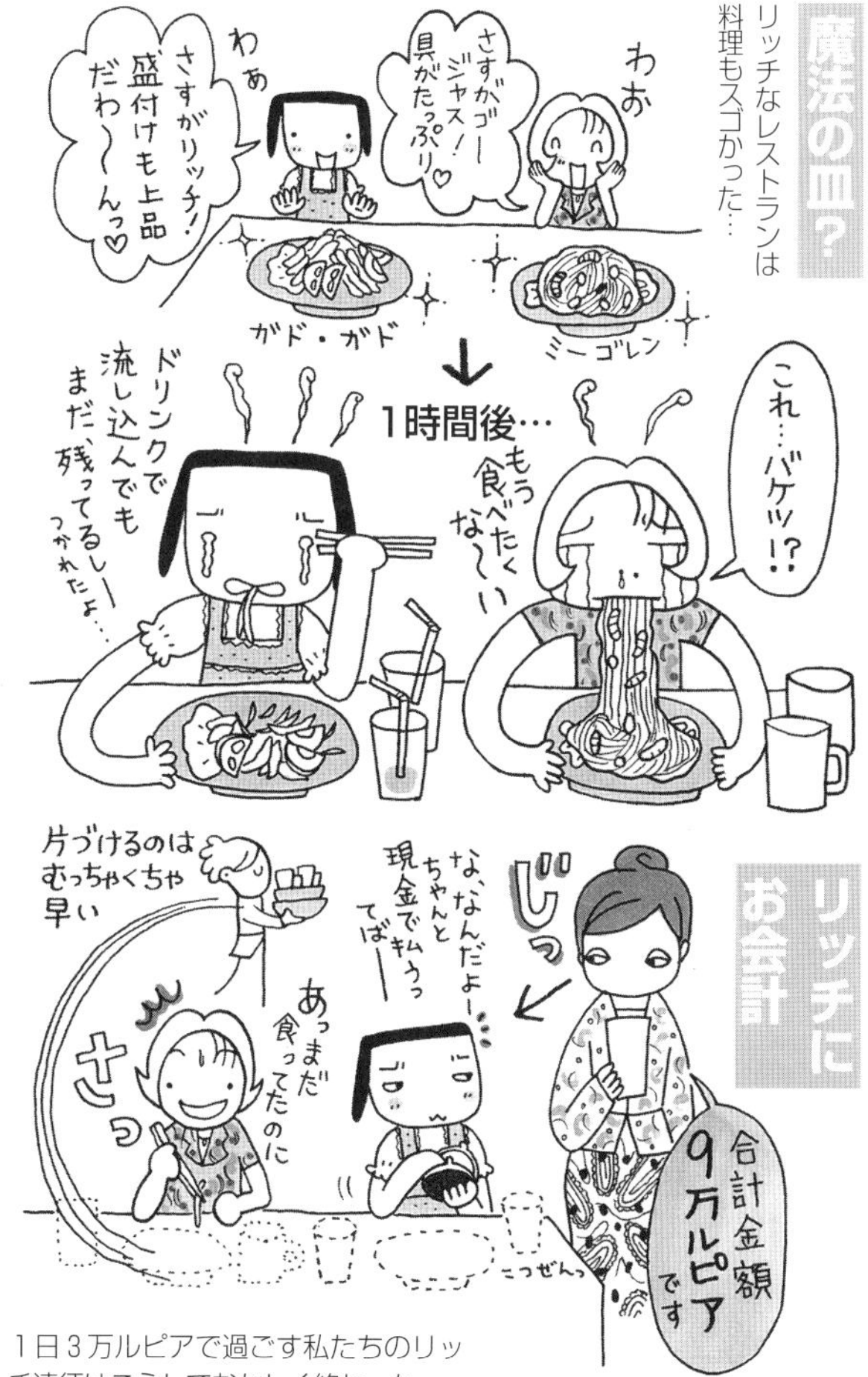
魔法の皿？
リッチなレストランは料理もスゴかった…
わお
さすがゴージャス！具がたっぷり♡
わぁ
さすがリッチ！盛付けも上品だわ〜んっ♡
ミーゴレン
ガド・ガド
1時間後…
これ…バケツ!?
もう食べたくな〜い
ドリンクで流し込んでもまだ、残ってるし〜
つかれたよ…
リッチにお会計
合計金額9万ルピアです
じっ
な、なんだよ〜ちゃんと現金で払うってば〜
あっまだ食ってたのに
さっ
片づけるのはむっちゃくちゃ早い
こつぜんっ

1日3万ルピアで過ごす私たちのリッチ遠征はこうしてむなしく終わった。

ジャムーへの誘い

ジャワ島から伝わったというバリ名物ケンコー飲料ジャムー。
病気治療・体力回復・滋養強壮…アヤシイ効能が魅力です!

ジャムースタンド

NYONYA MENEER
PENJUAL

ナイトマーケットに出現。屋台いっぱいに飾ってある粉末ジャムーを客の体調にあわせてその場で調合する。パステカが注文したジャムーは、ウンコ色してた…。

●ジャムーの作り方を見よう！

ウガーーーン
なんて不衛生な!!
これ見ちゃったら飲めませんわ
売り子のお姉ちゃんが美人なのでフラフラついてったら….
ごちっ
①湯をわかして卵の黄味を入れる
ぽとっ
湯
②数種類のジャムーを用意
ボロッ
③ライムを入れる
るるるるるるる
④いっきにMIX《ミックス》
水道水を用意
ブレンド前のジャムーは水でつくるらしい…
つまりこれがジャムー売りのジャムー

Jamu
PRIA SEHAT

←できあがりジャムー

ジャムー専門店

専門店は日中も開いてて、まるで薬局のよう。種類も豊富で、効能を日本語で説明した紙もあるからとっても買いやすい。笑えるおみやげとしていかが？

●ジャムーを買おう！

あら、この箱のジャムーは何かしら？
カウンター独占
踏み台独占↓
お買上げ
ジャムーの山
このデザインきらいっ
どれがいいかな〜
店内独占
オドオド
お約束の営業トーク
あ、あのね…こ、これ…日本の女の子が大好きなオッパイ大きくなるジャムーなんだけど…
あっ、自分たちでテキトーに探すからゆっくり休んでてよ♡
店の人なのにかやの外

ジャムー売り

いちばん腹にきそうなのが行商のジャムー。田舎のは新鮮さに欠けるので試すなら都会のオリジナルジャムーにすべし！自転車で売るお兄さんと行商のおばちゃんがいるよ。

●ジャムーを飲もう！

うわーん、ジャムーをとうとう飲んじゃったよ〜。「ジャワの女は毎日ジャムーを飲んでるから若い」「日本の女の子、オッパイ大きくなるジャムー、いっぱい箱で買ってく」など数々の証言があるけれど、聞けば聞くほど超ウソくさ〜い。さて、肝心の味は…エゲッ、ゲロマズ（吐）。龍角散のカレー味というカンジ。しかも、いつもパステカが一生懸命すすめてくれたウンコ色のジャムーは男用。ま、いいけどね…。

魅惑のお菓子の世界

メイド・イン・インドネシアのお菓子は
まさにそのひとくちめがドキドキ！

ジャンクフード編

超ウマウマ
カラメルせんべえはうまい!! とくに このなんちゃってキティのものは 絶品♡

なぜか「Taro」という名前のスナック菓子

クエ

カメの姿をしたすあま

中身は白あん

味はみーんな一緒♡

パサールでよくみかける3色ムシパン♡

かき氷

えんどう豆入り

うげっ

…

ピーゴロゴロ

恐ろしやマゼンタ100%

チョコレート

熱さでドロドロ

ネトー

チョコレート畑がいっぱいあるので国産品は安〜い♡

たったの3円(笑)

クランチしまくったアーモンド含有率1%

ケーキ・菓子パン
投げても
カタくずれ
なし♡
まさに岩ケーキ
なんで
固いの。
おぇーっ
ガーリック味だー
おくちいっぱいに
二日酔いのにおい
ぷ〜〜〜んっ
LANG
Sari
ふつー
クリームって
いったら
カスタードなの——
めっ
今では全然見なくなった「バタークリーム」バリにくれば市場独占の大人気!!
あま〜い
チューインガム
なぜケーキの
上にのせるかなー
スパイシーな風味！
1袋 10円
ラーメン
激
ゲロマズ
でもバリ人は
大好き
ABC
初めて見たぞ！
青いケーキ
（デンパサールの
ケーキショップで）

ソフトドリンク編

●バリコピ（コーヒー）

これ見ると バリだわ〜
くんくん
テイクアウト用のビニール袋入りコピ
もちろんアツアツ
これ飲むと バリだわ〜
麦茶のかほり
コナコナ

●アクア（ミネラルウォーター）

ごめん ぱきんっ
ぷしゅ
国産品は改善の余地あり

●テ（紅茶）

ホットティーをオーダーしたら
レストラン
くんくん
味なし においなし
屋台
ネコ舌
超 あま――い あづ――い
グラス
とろ〜〜んっ
くさくさ
くさくさ
イッちゃってる
シナモンティーは嗅いでも飲んでもシナモン100%♡

●スス（牛乳）

わーい ぬるい牛乳だ〜♡
1日1ℓ! 牛乳好き
ちょうプロテインの味がする…

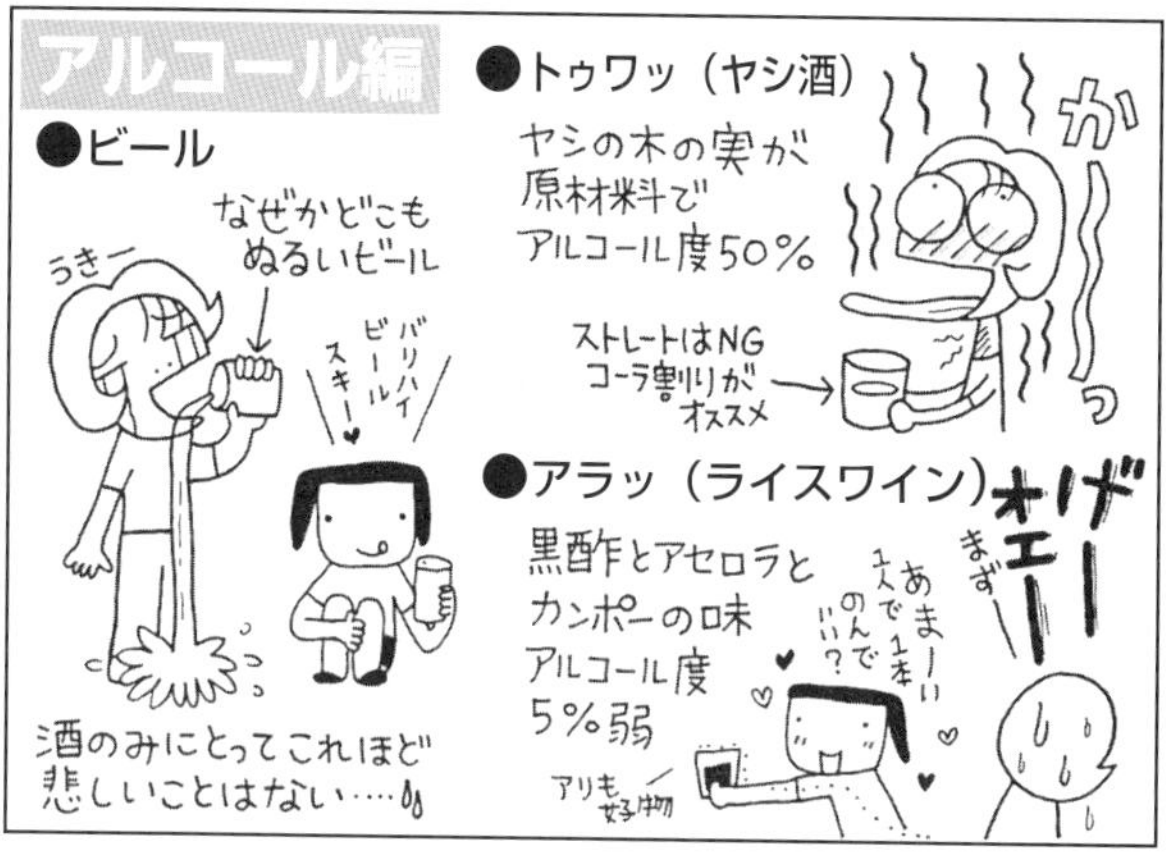
アルコール編
●ビール
なぜかどこも
ぬるいビール
うきー
バリハイ
ビール
スキー♥
酒のみにとってこれほど
悲しいことはない……
●トゥワッ（ヤシ酒）
ヤシの木の実が
原材料で
アルコール度50％
ストレートはNG
コーラ割りが
オススメ
かーっ
●アラッ（ライスワイン）
黒酢とアセロラと
カンポーの味
アルコール度
5％弱
オゲエーー
まずー
あまーい
1人で1本
のんで
いい？
アリも
好物

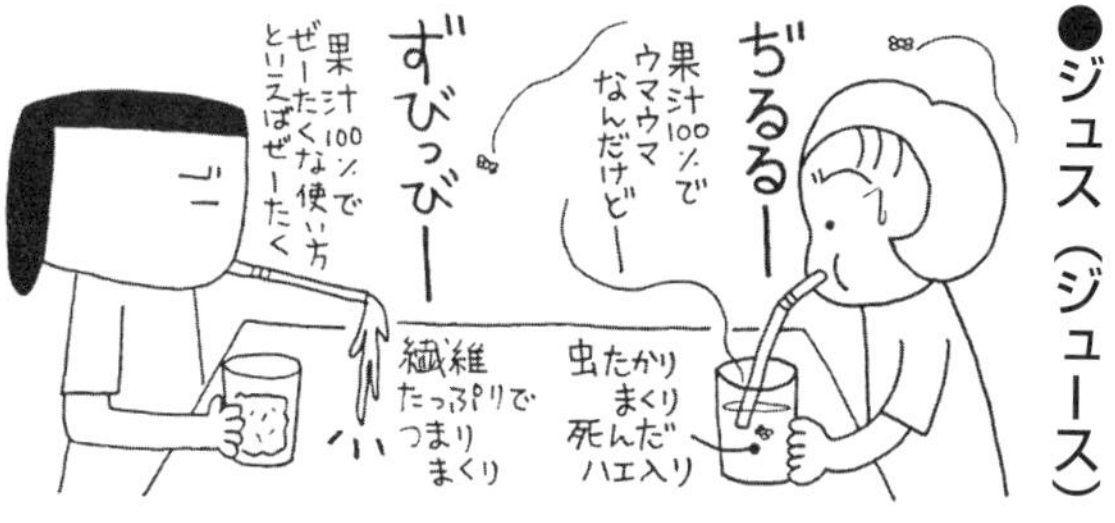
●ジュス（ジュース）
ぢるるー
果汁100％で
ウマウマ
なんだけどー
虫たかり
まくり
死んだ
ハエ入り
ずびっびー
果汁100％で
ぜーたくな使い方
といえばぜーたく
繊維
たっぷりで
つまり
まくり

↑おばちゃんがつめてるのか？

だーーっ
うまくないよ
パステカ
バリ人大好きね
Fanta
甘すぎて
飲みこめない
ストロベリー
ジュース

フルーツ天国バリ

バナナにパパイヤ、マンゴ、パイナップル。色鮮やかなフルーツいっぱい！バリはおいしいフルーツ天国！

ナンカは何か？

天ぷらやスナック菓子でも
売られてるポピュラーなフルーツ。
種もゆでて食べられるよ。

そーかい
そーかい
もう一切れ
あげるよ
エナ♡
エナ♡
エナ♡
エナ♡
「おいしい」
うっハズレ…
くさくさー
熟してると甘くてウマイが
ハズれるとドリアンみたく臭い

お酒にも使うヤシの木の実

ナンカ（ジャックフルーツ）

マンゴスチンはたねも食べられる

やわらかい干し柿のようなサーボ

珍現象

ナンカを買物袋に入れて実を保護。柿や桃と同じ原理？
ぷらーん
ぷらーん
ぷらーん
ぷらーん
ぷらーん
ぷらーん
これ…おまじない？
ぼそっ
洗たくものがぶらさがってるみたい…
ふたりともっ
ちがうよッ

木いちご風パイン味のサーラの実

前がランブータン、奥がジャンブー

フシギなフルーツ

トコロ変わればフルーツも変わる。知らなかったよ〜。

マヤパイ

ティルタ ルンプル寺院内に生えてるマヤパイ。この果実を食べると父が死に、食べないと母が死ぬといういいつたえがあるいわくつきのフルーツ。

見ためは青リンゴ食べても大丈夫だけど超苦いとか

どっちにしろ死ぬんだろっ

ティーバー

主に妊婦さんが食べるフルーツ。落下してるのを拾い、熟させて食べるんだとか。

ジュースにして飲むんだって
ギエッ
イモ虫？

いや〜ボクは食べたことないからわかんないけど、奥さんは知ってるヨ
ハハハ
一児のパパ
オットー
触れたらベイベーができちゃうー
ありえません

おなじみのフルーツ

食べ慣れたフルーツもバリでは日本の常識が通用しないのね。

甘くないのね
●スイカ
見ためは日本産とあまり変わらないのに無甘。甘くないスイカなんてショックっす〜。
ぶえっ
タネは白
果肉はピンク
うわー甘いね
バクバク
この歯にはさまるのどーにかしてよ
歯ごたえだけだろーー
●とうもろこし
パステカは甘いと言って食べてたけど…。

いいかげんにして
フルーツサラダにジュースにケーキ。おやつには生で食べる。ホントにバリ人はバナナが大好きなのね。
くさくさ
くさ
くさ
バナナ腐ったらゆでて食べるねーー
うぷ
拷問のようなバナナ攻め
げぷ

↓在庫ありすぎだよ…

ティアラデワタ

国際派デパート。商品表示もバリ語じゃなくてインドネシア語で、価格もやや高め。でも最近は外国人よりバリ人の買い物客のほうが多いかも。毎日行っても飽きない、私たちのご用達デパート！

↑裏でサボリ中の従業員たち

荷物を預ける

これ番号フダです
なくしちゃダメだからね

本コーナーと食品コーナーの入口で荷物を預けるシステム

本コーナー

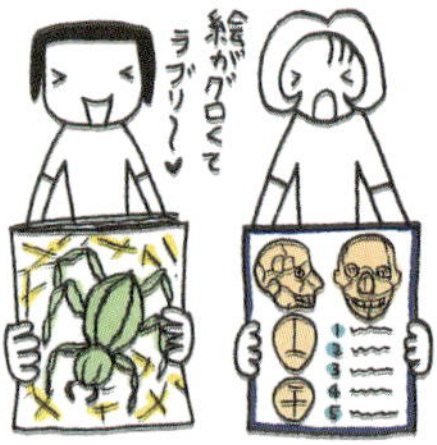
絵がグロくてラブリ〜♥

絵本や学習ポスターが充実！文字が読めなくても楽しいぞ

レジでアメをゲット

つり待ち
おおっ初めてみるアメだうまそ〜〜
すでにもらったひと
いーないーな
ハイおつり
からっぽ

おつりの端数はアメで換算！いろんなアメをくれるので、嬉し〜い

飲食コーナー

menu
まだいるわ
か〜〜っ
涼しいぜ
快適だよ
生き返るね
く〜〜っ
ナンパも売り子もゼロゼロ！だよ
バンバンバン
ベラベラベラ
ここは まるで
飲食可能な
図書館のよう。
かなりくつろげ
るので オススメ。
持ち込み
スス
Snack
ガイドブック

ゲーム

UFO CATCHER
墓場みてぇ〜だ…
昔ブレイクしたゲーム

プレステは高嶺の花。昔はやったファミコンゲームやUFOキャッチャーが…。プリクラ上陸も近いかも？

ズレてる

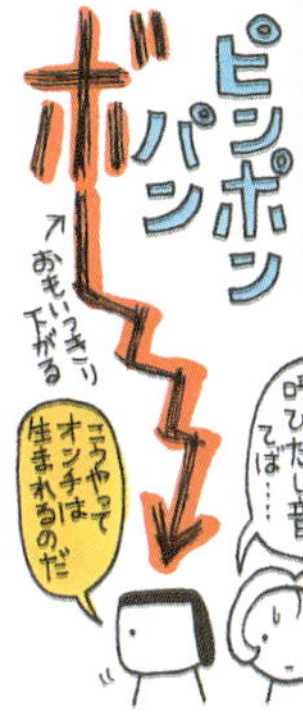
ピンポンパンボ
↗おもいっきり下がる
この呼びだし音ってば…
こうやってオンチは生まれるのだ

デパート大好き！

デンパサールはデパート天国！今日も楽しくどこかのフロアーでウ〜ロウロ。

デパートで言葉を覚えよう

楽しい買い物ついでにガイドブックに載っている単語や言葉を使ってみよう！親切に教えてくれるよ。

●客にも質問

背後からささやく
それ ム〜〜ン デカ〜〜？（バター）
な、何？
マーガリン

●肉屋

バビ？ アヤム？
何でも OKよ♡
グロい売場
骨と皮以外は何でもあるわ

●ありがとう

ト・ーリマ カ・ーー シーー
ト・ウリマ カシーー
ト・ウリマー カーシー
トゥ リ マ カ シー
ト・ウリマ カシーー
※ささやくように言うのがコツ
バグース
ちちちっ
Tシャツ売場の店員
まだー？

マタハリデパート

若ゾー君のナンパの名所。宗教上トリ肉は食べるバリ人に絶大な人気のケンタッキーもある。

全フロアー
毎日がセール！
きゃうれしー
この色じゃなくてー
50% OFF
プラスチック皿フェチ
ガシャ
おろ
ふたりともスゴイね〜どーしよう
おろ
この柄ヤダ
柄ものフェチ
ポイ
30% OFF

デワタ・アユ

地元でいう「デワタ」とはこのデパート。旅人にはわからない根強い人気の秘密があるんだろう。

全フロアー
毎日が閉店前日！
おーいいいのかこれでー
まっ暗
ぽつん
ぽつん
ぽつん
どの棚を頂こうかしらん
あたしもぽつーーんっ
客はおろか店員もいないよーっ

chit-chat!

実践！ 屋台で食べよう！

屋台のゴハンこそ庶民の味！ 今日のランチはバリニーズと一緒に膝を交えて食べてみよう。

観光客のほとんどがホテル近くのレストランを利用してるけど絶対に損してると思う。レストランは全体的に無難な味だから現地の料理とは少し違う。バリの食文化に触れるためにも屋台で食べてみよう。注文は意外にカンタンで、料理名は素材名と調理方法を組み合わせるだけ。辛さも調節できる。屋台にはメニュー表がないけれどひとつの屋台にひとつのメニューが基本だから、注文したものと違うという心配もない。値段は、料理1品につき約2千ルピアから。屋台は気心と笑顔があふれていて超楽しい。ぜひお試しあれ！

ワルン・カキリマの一般メニュー
ゴハン
ナシプティ
白米
ナシチャンプル
肉・魚・野菜・白米
バリ風幕の内弁当
ナシゴレン
チャーハン
ブブル
おかゆ
コップ
かき氷
ブブクタン・ヒタム
黒米入りココナッツスープ
エスチャンプル
ルンプル
魚ちまき
おかし
野菜ちまき
バナナの葉
ロティ
菓子パン
トゥム
肉ちまき
クエ・パサ
モチ米使用
インドネシアの伝統的菓子
ピサンゴレン
バナナの天ぷら
さかな
イカンゴレン
焼き魚
ミーバクソー
つみれ入りめん
めん
ミーゴレン
やきそば
にく
サテ
トリ
ヤギ
カメ
魚
ピーナッツソースで食べるやきとり
バビグリン
ブタの丸焼き
のみもの
アクア
水
コピ
どろんっ
バリコーヒー
スス
プロテイン臭いミルク
テ
味のない紅茶

注文してみよう！料理名は超カンタン

ただ素材名と調理方法を組み合わせて注文するだけ。たとえば「ナシ」（ゴハン）と「ゴレン」（炒める）で「ナシゴレン」（バリ風チャーハン）

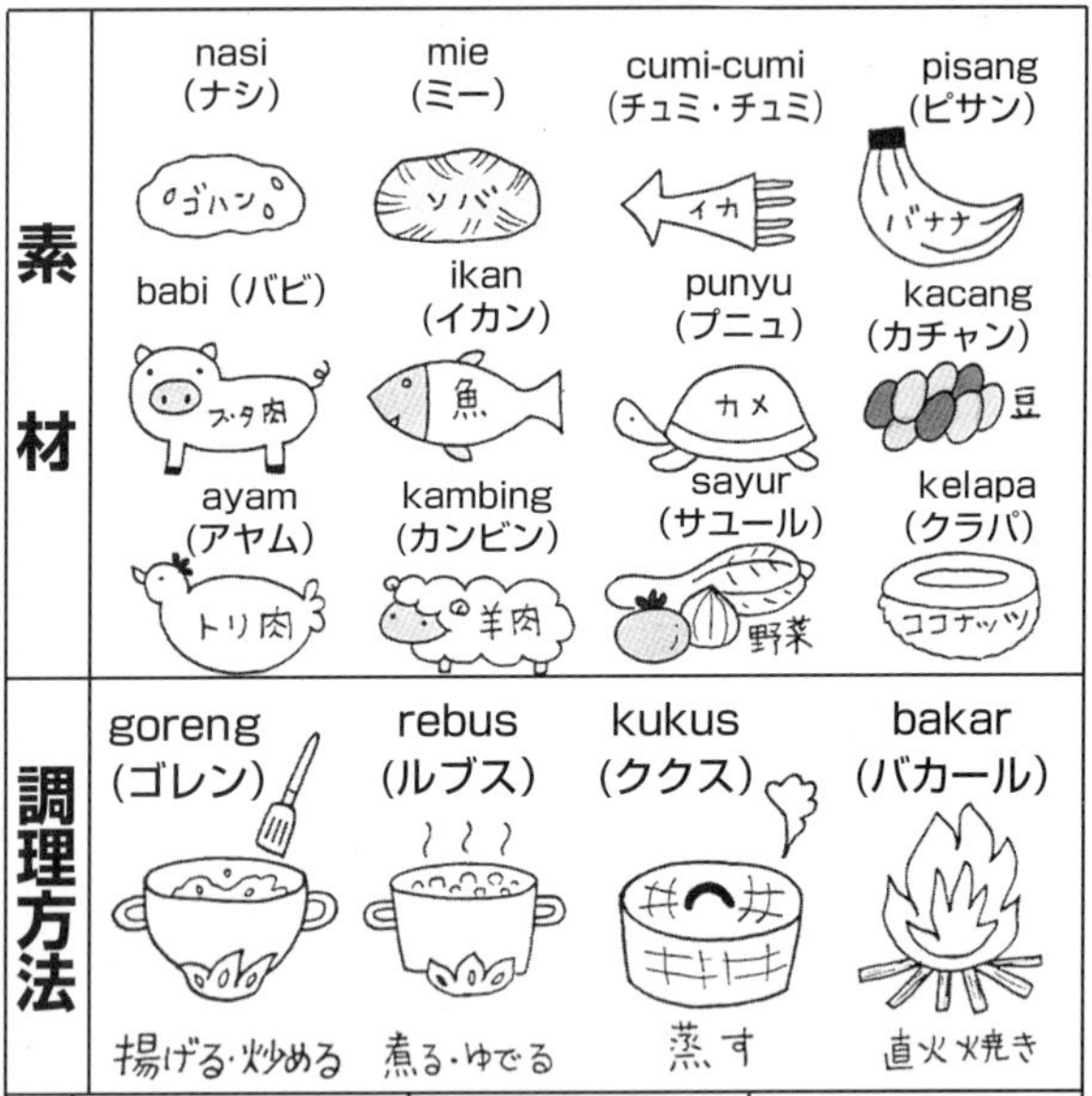
素材
nasi (ナシ)
ゴハン
mie (ミー)
ソバ
cumi-cumi (チュミ・チュミ)
イカ
pisang (ピサン)
バナナ
babi (バビ)
ブタ肉
ikan (イカン)
魚
punyu (プニュ)
カメ
kacang (カチャン)
豆
ayam (アヤム)
トリ肉
kambing (カンビン)
羊肉
sayur (サユール)
野菜
kelapa (クラパ)
ココナッツ
調理方法
goreng (ゴレン)
揚げる・炒める
rebus (ルブス)
煮る・ゆでる
kukus (ククス)
蒸す
bakar (バカール)
直火焼き

屋台を音で聞きわける

アイスクリーム屋

レトロなオルゴール

おもちゃ屋

ポップなホーンの音

ミーバクソ屋

209

カンカン器をたたく

Part 3

あなどれない人あたり度数

やっぱり楽しいデンパサール

バリの中心都市デンパサール。人も車も急激に増えて大渋滞。スーツを着たOLがメットをかぶりバイクを飛ばす姿はバリの都会ならでは。熱気むわむわ〜。

メインストリートを歩く

道路はいつも大混雑。4車線もわりこみも平気でかっ飛ばしていくから、歩道のない裏道をぼんやり歩いてると絶対にひかれる。街には何でもあるけど信号はない。道路を渡るにはコツがいる。

道路を渡るコツ
がるる
がなって渡る
メーワク
先に渡ってもらう
DASH!
びゅん
BOOO!
それっ
今ね――!
渡りたいときに渡る
びゅん
BOOO
びゅん
ビュー
日雇トラック
びゅん

BALI COLLECTION

チンピラ系
ケバケバシャツ
出稼ぎに多い
ガングロ、ロングでも
渋谷系とはかなり違う
ナンパ系
白Tシャツ
ジーンズ
ノーマルなのに
オシャレに見える
OL
パリッ
バイク通勤
スーツに
ヘルメットが基本
小学生
月・火
水・木
金・土
大人より
カンペキなヘアーセット
曜日によって制服の
色が違う
おばちゃん
バラバラ
色づかい
おばちゃんのセンスは
万国共通！
正装
チカ
チカ
神の色"黄"を
ふんだんに使用
オヤジ
BALI
おのぼりTシャツ
現地の人も着る
おのぼりTシャツ
学生(デモ参加)
MEGA
メガワティTシャツ
昇り竜のタトゥー
ノリは暴走族か
親衛隊‥‥

デンパサールの街を歩いているとなーぜーかー目がチラチラチカチカする。なんで？と周囲を見渡せば、いたいた疲れ目の根源たちが！ドギツイ配色を組み合わせた服のおばちゃん、自己主張ありありの柄シャツを着た兄ちゃん、全身まっ黄色で固めた正装のおやじ…まさに原色蛍光色の大洪水！でも、バリではこのケバケバさがフツーなので見慣れるしかない。街中彼らが行き交うたびに私たちはハレーションおきまくり〜。

「生活する」というコト

私たちは旅行者だけど、旅する土地には必ず「生活する」人々がいる。デンパサールは田舎とは違い、外国人が珍しいという視線がないし、都会ならではの便利さもあって快適に過ごせるけど、私たちはできるだけ「生活する」人々と同じ視線でバリを知りたかったから、公共施設や路地裏や屋台にもどんどん行った。そんなコトを繰り返してバリに近付いてる気がする。

病院

病院はまだ少なく、遠方から通う人も多い

医者は週3日
1日3時間働く
※診察室は見られず、想像です
エッ?! バリには国民保険がないの?
個人で払って保険会社からもらえるけど支払いは遅いんだ
だから国民保険いいね

銀行

両替風景
日本語で1〜10までしか数えられない、あんた一体誰?なアメリカ人
10…1.2.3…
両替した金を数えるくまくま
78・79…
当たってる当たってる
ホントは全然理解してないパステカ
何も考えてない→
←大丈夫でしょと言いたげな行員
80枚の1万ルピア

●予行演習

オープニング
セレモニーの
練習風景が…
バラバラ
見てないと
だれる
ART
でれっ
とりあえず
見てるところはそろう
ピシッ
指導官

ププタン広場はデンパサールの中心に位置する市民の憩いの場。見てるだけでも楽しい空間。

●楽しいおみやげ

プー
緑色のしゃぼん液
おやつおやつ♡

↑ププタン広場中央にあるオブジェ。街を歩いて迷ったら目印にしてみよう！

バリ七変化

クタはフシギがいっぱい

「バリといえばクタ」というぐらい知名度ナンバーワンなクタ。海辺もストリートも、観光客と物売りで1日中ざわざわごちゃごちゃしてて刺激的！

レギャンストリートを歩く

ガーッ
どけどけー
オラオララーッ
ぷ～ん
ゴミ
オエッやめれ
チカン
ナンパ
スキー♥
物売り
マニキュア♥
ナンパ
カワイイ♥
トランスポート
トランスポート
トランスポート
サロン？
物売り
ジゴロ
ここの通りを快適に歩く根性が身につけば　もうバリでは怖いものナシ

↓子どものマネキン。怖い

観光客用馬車トッケル→

→外観

●ビーチ前のレストラン

不法侵入者ではなく、無銭飲食をとりしまるガードマンがいる

↓スシレストラン。漢字も一生懸命

↑シーフード料理店

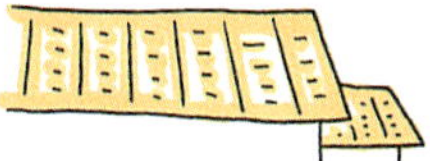

↑堂々と「キノコ」の看板…

●ブンサン通りのキノコ

マジックマッシュルームをすすめてきたヒロシ。幻覚症状を引き起こすので絶対に食べないで！

クタの街は元気いっぱい。クタはもちろんバリなんだけれど、「神々の島」というイメージとはちょっと違う。

観光客を目当てに物売りがどっと集まってくるから、「熱気と喧噪と誘惑と欲望」が渦巻いて騒々しく、刺激であふれている。まっ先に最新の流行を取り入れて、人々の欲望を満たすようにいつもどこかで新しいお店やホテルが建設されている。新しいモノが次々に生まれ、街はごちゃごちゃした遊園地みたい。

でも「クタはうるさいから嫌い」とパステカが言うように、地元の人々に嫌われてるのもまた事実だ。

仕事を求めてバリ以外の島から出稼ぎに来る人も多く、そんな彼らをすべて受け入れるのもクタならでは。初めは慣れない出稼ぎでおどおどしていた彼らも、徐々に図太い根性が身について立派な物売りに成長していく。

悪名高きクタだからこそ、他にはないエネルギーを発信している。そのエネルギーで私たちは頭がクラクラするのかなあ。

裏道なら人通りも少ないと考えたのに、スコールの影響で湖状態

ナイトマーケットへゴハンを食べにいこう

ナイトマーケットはクタでも有名な屋台村。屋台の味が気軽に楽しめ安くておいしいので、私たちのお気に入り！

↑観光客やバリ人にも人気で、大繁盛のワルン。メニューも日本語なので屋台初心者にオススメ！

偶然、飛行機が同じ便だった
OL2人組とナイマケで再会し、
毎晩、ディナーを共にすることになった
今日はなに食べる？
3泊4日のツアー
あれと同じもの注文しよう!!
ずら――り日本人!!
ここに入ろー！
日本人連鎖反応
ぎゃあ
日本語サクレツ
ぎゃあ
どこ行きました？
今日はね寺院とー
あら、私たちって客よせパンダ？
ナシゴレン
カエルの足

フッ
キャーッ電気が!!
持っててよかったペンライト
♪ハッピーバースデーこれでガマンしてね♫
ゲッ
ゴースト！
さすがバリ人
くらーい
やーんびっくりー
MENU
闇ナベディナー

クタ化するウブド

日本の田舎に似た風景と気の抜けた人々が魅力なウブド。超うきうきして3年ぶりにウブドへ入ってみると…ガーン…こんなの私たちのウブドじゃない…。

バリ七変化

パサール

※市場のこと

昔
シナモン好き？じゃあ、それあげるね
さくさく♡
バグース バグース
すばらしい
おおっ
珍しい！観光客だ
朝市のトリを買うのは男の仕事
コケコケ

久しぶりにウブドに入って私たちがいちばんビックリしたのはどこの建物もキレイで立派になっていたこと！青空フリーマーケットみたいな雰囲気だったパサールは小さな商店街に様変わりし、商売っけありありなおばちゃんたちでいっぱいになっていた。ウブドプレイスのメインストリートはこれまでに1軒もなかった銀行、アイスクリーム屋、インターネット通信サービスセンター、ブティックビルが所狭しと立ち並び、唯

区画整理されすっかりキレイに

ゴミくさく雑然としていた

一、私たちの行きつけだったスーパーマーケットも地下と2階が増築され店員の態度は事務的だった。街行く人もクタから流れてきたような男が「なんか落ちてるよ」なんて言ってくる。ゔ〜、違う違うこんなウブドを体感したくてここに来たんじゃな〜い！メインストリートなのに観光客も物売りもいない、あの閑散としたカンジがよかったの！生活が便利になるのは時代の流れだからしかたないけど、なんか悲しいね…。

ヒマ人、ヤル気な～しの人々

マヌカン

呼び込みをするものの、持続性にやや問題アリ。少しはクタのマニキュアチームを見習えよ～

店
だれる
飽きる
食う
座る
やる気ないなら呼びかけるなっつーーの!!
チョットミルダケネ
もぐもぐ
オネーサーン

カフェ

どこの観光レストランも商売に精を出しているのに、このおやじは働かない。昔ながらのウブド商売

ぶんぶんっ
がら――んっ
おやじー、ソーダー水
こっちはコーラね
ほえ?
一応冷やしてる

まだまだ健在！ウブドらしいウブド

カセットテープ屋

これと同じテープ下さい
ほこり
ぼとっ
その棚にないの？
それ本当にうちなの？
ゲホゲホ

壊れかけた棚に年代もののテープを無造作に取り扱ってるお店。しかも無管理無責任…オイオイ

旗あげ

キャーすてき
もっとやって！
えらいぞっ
いよっ
男前!!
このおっさんほめ続けたら一生やるぞ
もーやだー
まだやるのー
あきたー
するするするするするするする
ぱっ
しゃか
しゃか

学校行事の予行演習らしく私たちが見てると分かるや否やはりきり出しちゃった先生。生徒たちよゴメン…

人情いっぱいのロビナビーチ

すれてない人々、まったりと流れる時間、これぞバリってカンジ！バリ北部は観光客もまばらで超穴場。由来どおりのLove Indonesia なロビナ♡

バリ七変化

ナイスガイ・ディナー

アメリカの大学が休みに入ったから里帰りしているという26歳の好青年。こんなに紳士的で、しかも見た目もかっこいいバリ人なんて見たことないよ〜♡

せっかくのバカンスなんだからゆっくりしよう！
もう一杯ビールのむ？ おごるよ♡

え〜っ♡ ウエイターさんのビール？ や〜ん どーしよ〜
え゛ーッ ぼったくりじゃないの？

帰りぎわ
彼女たちの会計をよろしく
ぼくはこれからオーダーね
ここでアルバイトしてるんじゃないの？
えっ、客！
やっぱバリ人だわ
ひっく

「ベモに乗る？」「どこに行きたいの？」メインストリートで地図を広げただけで私たちを気遣って人々が寄ってくる。都会と違って、何の下心もなく純粋に心配して寄ってくる人々がいっぱい。人情いっぱいで気のおけない人々と、田舎くさくてのんびりした雰囲気は昔のウブドとそっくりで、それが私たちにはしみじみ嬉しくて懐かしかった。

それにしても、ココは他にもいろいろなものが寄ってくるのね…。

何もない チャンディダサ

の～んびりゆ～ったりひたすらボ～ッ。高級リゾート地は日中でも物売りがいませーん。だいいち人が歩いてませーん。夜は街灯もないから歩けませーん。

バリセ変化

貸しきり道路

さっきから ずーーっと 歩いてるけど 誰とも会わないよねーー
あっ、来た!
あれ ゆーこちゃん♡
わーい
くまくまちゃん♡
オイオイ
身内じゃ ねーか

ドボンな夕陽

ガーーーンッ
ドボン!
グラデーションの夕陽じゃないんだーー
えーそんなコトないよ
ポカポカ
夕日を も一回 見せろ

※私たちの旅の時期が雨期だったので夕暮れがたまたま早かったそうです…

鉄人のワザ拝見

私たちが注文したメニュー

●プヤシグハイ（中華風卵焼き）　●チャップチャイ（中華風八宝菜）　●ナシゴレン フライパンのみ使用

①大量にスライスしたニンニクを炒める

②手早く野菜を炒めてサンバルアサリを入れる

③水溶き片栗粉でとろみをつけチャップチャイの完成

④卵を焼いてプヤシグハイに。最後になぜか押し潰す

⑤余った卵と冷や飯を混ぜてナシゴレンに

⑥10分足らずで3品完成。卵は超フワフワ！

屋台の鉄人

高級レストランのはずれにぽつ～んと屋台。期待しないで食べたら、ウマイ！ウマすぎるぞおやじ！弟子にしてくれ～。

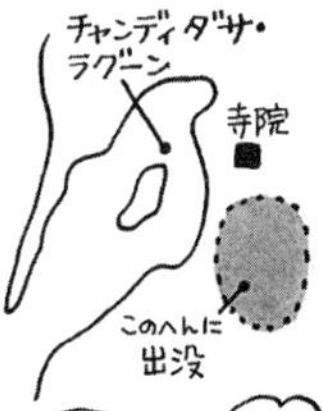
チャンディダサ・ラグーン
寺院
このへんに出没

懐中電灯もって食べに行こう!!

ポストカードや旅雑誌でたびたび見るバリの夕日。バリに行ったら海で夕日を見ようと楽しみにしてた。写真でもあんなにすばらしいんだからこの目で見たらカンドーして泣いちゃうかも～、なんてドキドキしながらビーチで待つこと小1時間。徐々に夕日が落ち、オレンジ色がじわ～っと広がって…と思いきや、イッキに夕日が加速して「ドボン」と落ちてった。何だよコレ！滞在中どこ行っても「ドボン」だったぞ～（涙）。

パステカの小屋

いつも明るく超フレンドリーなバリ人。何があってもノープロブレム！パステカもそんな気さくな性格だ。ついにバリ人代表として登場！

なんちゃってガイド
正規の観光ガイド
いつもふだん着
スーパーで買ったよー
おそろいの制服を着ている
山田さま
Welcome Mr. Smith
さとうさま
客のツアーに便乗して遊ぶ
わーいヒコーキだ
ツアーをすすめる
キンタマーニ観光いかがですか
ダンス鑑賞オススメです
ウブド観光半日コースもいいですよ
ラフティング、楽しいですよ
人のカメラを真剣に欲しがる
い〜な
チョーダイチョーダイ
コラッ返せ
記念写真を撮ってあげる
ハイチーズ
カシャ
いえ〜い
客の前ですぐハダカになる
暑いね
ゲッ
客の前でハダカにならない
この寺院は〜
だら
だら
汗くらいふいてもいいよー

仕事熱心

今日は まず ダンス鑑賞 するね!
ハイ チケット
ここが有名な キンタマーニね
早く食べてね
通り道だし、ティルタウンプル寺院 寄るよね!
王様の墓も見るよね!
次はー あれ どしたの?
スケジュール つめこみ すぎ〜
BALI

職場

彼の職場はデンパサール郊外のアートセンター。パステカは日本語学校の卒業資格を持ってるものの、未だになんちゃってガイドのまま。冗談もハヤリコトバも言えるほど日本語ペラペラなのがアダとなって、正規ガイドが話す接客用語がうまくしゃべれないのだ。旅行代理店のガイド募集の面接を受けても試験に落ちまくり(涙)。でも、彼は約束の10分前には必ず現れるし、客の好みをしっかり聞いてからガイドする。もし、彼に興味あればこの本を持ってアートセンターに行ってみて!

お客さん 通らないかな
ちらちら

学習

おい…

バリ人なのに、日本人よりも日本人らしい男・パステカ。マジメであるがゆえに彼の暴走はかなり笑える。いや、いいヤツなんだけどね…。

もっと日本のコトバ教えて！
コトバ？日本の有名なことわざに「金の切れ目が縁の切れ目」があるぞ♡
ホーラ覚えたね
キレメ？円？!
♪指きりげんまんウソついたら針千本のーます♪
ホーラ歌えるね
ゲン万？それいくら？!
JAPAN
正規ガイドがますます遠い男

朝食

ホテルのカフェで一緒に朝食。私たちと同じオムレツを一口食べてマズイ！と言い…

ガツ
やっぱ食パンにたっぷりのイチゴジャムだね！
フルーツ大好き
ガツ
もうひとつね
ハイハイ
自分用のを頼んでるよ…
しあわせそー
金もないのに誰の金でくってんの？

ナゾの宿
私たちの仮説① ワンルーム一軒家で
ギュギュ
ひ〜
仮説② マグロのようにざこ寝している
ZZZ
すぴーーっ
仮説③ 朝そろってなんちゃってガイドたちが客を迎えに宿を出る
いってきまーす
わら
わら
ボクはインドネシア人しか泊まれない宿に行くからついてきちゃダメね―
明日ね！
一度のぞいてみたいよね
えっどんな宿？

なんで？

私たちが「?…?…?」と感じたコト。結局、パステカは教えてくれなかったので最後までわからずじまいだったけど…気になるなあ、やっぱし。

入れない
ひるりら〜
ふむふむ
客のふりをして他のツアーにまぎれてる
正規ガイド
I See!

タマンアユン寺院はなんちゃってガイドは入れない。他の寺院は平気で入っていたのに…なんでだろう？

HOME

知り合ってから今でも無職なのに、いつのまにかマイホーム持ち！妻が金持ちとか？宝くじに当たったとか？ナゾを暴きにパステカ邸へ！

夢のマイホーム
1 ある日本人が老後のためにと土地を買って家を建てた（長期ローンで）
ユメの老後の家
2 とりあえず今はパステカ一家が住んでる
番犬状態
ローンは日本からパステカの口座にふりこまれる
3 日本人がそこに住んだらパステカはどーするんだろう
……
宝くじ当てて日本に招待して♡

調理場。ガス・水道はないので井戸で水を汲んでかまどで料理する

一般的なゴハン。冷蔵庫がないので保存食が多い。米は先に炊いて冷暗所に

工事中
ガラスの入ってナイ窓！
レンガをつんだ後セメントでぬる
ドアの入ってナイ玄関！
ドロボー
誰でも出入り自由
実は、まだ未完成の家だった
トッケー
蚊
ゴッキー
雨季は雨入りまくり
乾季はゴミ、砂埃り入りまくり
アリ
戸締りのしようがない怖い家
いや〜はずかしー
まだ工事中ね♡
つーかヤバイだろ

子ども部屋に散乱する親バカ炸裂のおもちゃ。ちょっと買いすぎか？

まだ工事中のリビングルーム。家の間取り図をメモに書くパステカ

生活

生活費、教育費、バリの日常生活に密接する儀式の費用。日本より、はるかに物価は安いけど、家計のやりくりがタイヘンなのは万国共通。

パステカに、今いちばん欲しいものを聞いたら……。
タクシー欲しいね
金持ちになれるね
ぐるぐる
トランスポー
な〜んか違う気が…

悩む

スーパーで……。

欲しすぎる…
THE物欲男
このクルマこどもに買ってやりたいね
キコキコ
あんたが遊んでどーする

買わなきゃー奥さんにコレ買わなきゃー
やめなよー後悔するよー
何年も前に買って失敗してる私らがいうんだから間違いないって!!
ずるずるずる
バリで有名なMiyako製品ミキサー 25万3千ルピア

パステカー
遅すぎー
くかー
私らをほうって自分ちの買物する男
ゴメンゴメン
買物しないと奥さんに怒られるねー
妻へのおみやげにシナモンの束♡

かねてから楽しみにしていたパステカ家の訪問日。パステカ一家は、私たちを笑顔で迎え入れてくれた。

パステカ家の生活は、パステカのあてのないガイド料と銀行の利息（日本人がローンのお金をパステカの口座へ振込むときにできる利息）、奥さんが屋台で売る手作りお菓子の稼ぎで成り立っている。家賃0円といっても決して楽な暮らしじゃない。ましてやルピア暴落の影響で米が急激に値上がりし、ますます台所事情も苦しくなった。ちまたでは冷蔵庫や洗濯機などの電化製品が出回ってるけれど、一般家庭には高価すぎてまだまだ買えない。庶民には高嶺の花ってやつだ。そんな苦しい生活の中、奥さんは私たちのためにかまどで炊いた大切なお米で昼ゴハンをごちそうしてくれた。

彼らは親日家で温かい人々。人柄って言葉を交わすだけじゃなくて、その人の行動で感じ取れるものなんだよね。だから言葉が通じなくても、理解しあえるのかもしれない。

バリの男は95%がホスト

「アナタカワイイネ」「アイシテマース」「結婚シマショウ」日本人女性なら滞在中、誰もが必ず口説かれる。まるで挨拶代わりの感覚なのね。しかし、ほんとにバリの男って…。

ファーストフード

ハーーッ
ナンパしつこかったねーー
ホント。でもここなら安全でしょう
しまった
Love
BURGER
ドキッ
…で、結局
ホントに来た〜
ボクたちさっき出逢ったんだ覚えてるよね?
ボクたちはベルト売ってて、あなたは地図を見てて……
カワイイね年いくつ?
物売りやナンパから逃れたくてわざわざ店に入ったのにこれじゃ意味ないじゃんっ
それ行け出稼ぎ1号(スマトラ島出身)
それ行け出稼ぎ2号(ジャワ島出身)

デパート
●出逢い
おおっ
ん?
1本の首さげボールペンから始まった
●食品コーナー
オージーからこのペンもらったんだー
ねえ、なに探してるの? ボクにいってね♥ だってー
ボクたちはボールペンカップル♥
オージーうらむぞ
ねえねえチョコ好きー? ボク大好き♥
店員なのかナンパなのか親切なだけなのか…
●エスカレーター
どこいくの? それなら2階にあるよ もー水くさいなー ボールペンカップルなのに
ノリ買いに…
あら、また会った
●飲食コーナー
またまた会ったね♥ なに食べるの? ここのおいしいよ♥ 1コ20円だし
ボクのこと信じてよ!
だってボクたちはボールペンカップル♥
居ついてんじゃん
こんなことの繰り返しで半日一緒にいた

ホテルマン

洗脳されるウ
アイシテマ〜ス
アイシテマ〜ス
アイシテマ〜ス
アイシテマ〜ス
アイシテマ〜ス
アイ
アイシテマ〜ス
アイシテマ〜ス
アイシテマ〜ス
いーから
カギを受けとってくれっ
ジ

ロビー男

←フロントマン
おはよー
まってたよー♡
ホテルマンでも客でもないのにロビーにいつく男…
まーたいーるよーー

スチュワード

バリは好き?
今度ボクが〜
えーっ
ふげー
すぴー
ああ、あんたまで
←ホスト疲れ

告白
わ…・・・私と手伝って下さい♡
引越か？
「つきあって」と言いたかったらしい
タクシー
カワイイね バリ初めて？
どこのホテル？ カワイイね
どこに住んでる？
明日の予定は？ カワイイね
でれ
ぽつん
カヤの外
でれ
前座席に座ったばかりに…
レストラン
まともに働いてるのは女・こどもばかり
結婚しましょう♡
もー働けよっ
バっ
ボクの大好きなインドネシアポップシンガーのテープ♡ 聞きたい？
あっ ごめん♡
そのスープ オージーのだった♡
エヘッ♡
ジュースのむ？ おごるよ
名前なに？
どこから来たの？
？
・・・30分まちのオージー
バリ料理店なのに なぜか 座しき・・・

→目次A3　テレビ付きレストランに入ったのに彼らのせいで番組が全然見れなかった

お得意様はおのぼりさん

リゾート求めてバリに来たそんなアナタはバリ人にとってのお得意様。お得意様ご一行、今日も元気にいらっしゃ〜い！

ブサキ寺院

●珍商売

寺院への上り坂を走るだけ。

なんちゃってバイク屋
観光客
わしらは意地でも自力で登るもんね
くそー
ブーン

POINT

サロンの基本の巻き方

寺院では宗教上の理由で肌を露出した服装では中に入れない。そのため、サロンという腰巻きをつけて中に入る。様々な場面で重宝するので、買っておくと便利。

↓結べば完成

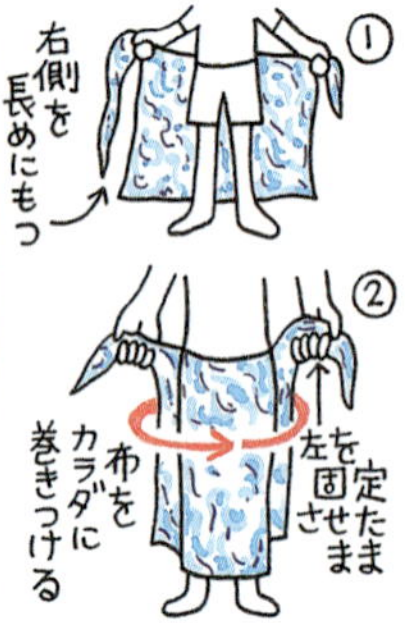

①
右側を長めにもつ
②
左を固定させたまま
布をカラダに巻きつける

ブラタン湖
観光客を乗せた暴走ボート
ヒュー
ヒュー
イエーイ
ボート屋 観光客の興味をひくために釣り
ヒマ
ヒマ
ヒマ
ヒマ
この湖は何もいないよ

市場
うっかり商品にふれると…
ゲッ
あたしっていじわる?
つん
つん
つん
条件反射
ど、どの紅茶が欲しいの

笑顔でヘビに巻かれるお得意様

遊園地なのに洗濯物ひらひら〜

タナロット寺院
ちなみに外人は中に入れません
寺院よりもスゴイ
おホモだち♡な
カップルたち
ただ単に
手をつないで寺院へ
向かってるだけですー
いやん♡
あら♡
ティルタウンプル寺院
ふんが
神聖な
寺院の中で…
あの人
神様？
でも
イビキが…
死んでる？
タマンアユン寺院
ハイハイ
すごいよ
おもしろいよ
アハアハ
わかった
から
入場券
売り
得意気
ほれ♡最新の日本語
だっちゅーの♡

スカルノ大統領の別荘
ゆでとうもろこし屋
うまそー
中は見学できないけど係員もしっかりオヤツターイム！

聖なる泉
ここは汚い心を洗い流す泉ねー
ホラ
ホントだー神様スゴイ
えっ
つるっ
すべりやすいので注意！

「神々の島」と呼ばれるだけあって、バリ・ヒンドゥー教の総本山ブサキ寺院をはじめ、各村に数多くの寺院が点在している。バリ島の人々は信心深く、朝夕にチャナンと呼ばれるお供物を供える姿を私たちは何度も見かけた。「日本人の宗教は何？」とパステカに聞かれて一瞬コトバに詰まったけど、それだけ神々の存在が彼らの日常生活に密接してるということ。今日も無事に水が飲めるという感謝のキモチで水道管にもチャナンを捧げるくらいだから、この姿勢は何だかスゴイと思った。

実は、私たち観光らしい観光は修学旅行以来（笑）。一生懸命説明してくれたパステカには悪いけど全部忘れた～。

やっぱりバリ舞踊

トペン
(Topeng)
仮面舞踊。
その場の
アドリブで
舞うので
客は
大ウケ!
Love
カワイ子
ちゅわ〜ん
いいなー
あの日本人
アハハ
こわいよー
すっかり
気に入られた
ハハハ
ありゃ〜

バリ舞踊は、もともと神々に捧げるための宗教儀礼として、ガムラン音楽とともに発達した。中でも「ケチャックダンス」などが代表的だが、実はダンスだけで2百種類近くある。バリ・ヒンドゥー教に伝わる神話や島の歴史などを題材に構成され、村の安泰祈願や疫病、悪魔払い、または祭りを盛り上げるためにダンサーたちは舞うのだ。

受付で観光客に各国の母国語で書かれた解説が配られるから、コトバがわからなくても安心だし、うんちくをアタマに詰め込んで難しく見るよりも、「これ好き!」と思えるダンスがあれば、ガムランのリズムにのって鑑賞するのがいいかも。私たちは、キレイなお姉様方が登場するとやんややんや拍手喝采、喜んで見たけれど、ゴツイおやじが舞うと条件反射でイネムリこきまくり(笑)。

毎日どこかの寺で舞踊が行われ、ガムラン音楽が鳴り響いている。曜日ごとに演目が違うから、お目当てのダンスがやってなかった…ということのないよう要チェキ!

Ⓐケチャックダンス。男たちが灯りを真ん中に円陣を組み「ケチャッ」「ケチャッ」と各パートごとに叫ぶ。ケチャコーラスは悪魔を追い払う

Ⓑプスパ・ウレスティ（花の雨）。祭りで舞うダンスで、お供物を持って踊るのが特徴
Ⓒクビャール・ドゥドゥツク。座ったままで舞う
Ⓓレゴン・クラトン。ラッサム王の恋愛物語

Ⓕ影絵ワヤンクリ。現代感覚のジョークを交えて超楽しい

Ⓖバロンダンス。正義と悪は共存するという物語。神の戦いは終わらない

Ⓔレゴン・ダンス。美しいシータ姫をめぐり、次々にいろんな神様が現れる

ハードな観光

移動するだけでひと苦労。日頃の運動不足を思い知らされたわ…。

グヌンカウィ
※バリ王の墓
全部で何百階段
あるのかなー
階段きらーい
ぜーぜー
ジャパニ
これがバリ王のお墓ね
距離2km
帰りはもっとキツかった

トゥガナン村
※イカットで有名な村
となりの村に行こうと誘われて…
出発地
トゥガナン村
山道を1時間…
目的地
となりの村
がんばれっ
ケロッ
田舎育ち
すぐ近くって言ったのに〜
ぜーぜー
都会育ち

お得意様道ばたウォッチング

バリには観光客がいっぱいいる。それにくっついてくバリ人もまたいっぱいいる。毎日繰り返されるこりない人々の日常生活を今日も私たちは観察する。

↑10分くらいず〜っとこのまんまでバイクや通行人を眺めてた。観察しつづけた私らもヒマだけど（笑）

今日も元気に HOTEL CHECK

クタ
ネオンギラギラホテル

暴動騒ぎも落ち着いて時季外れの観光ラッシュ！日本でホテルの予約を入れようとしたらどこも満室で、私たちが流れ流れてたどり着いたのがこのホテル。オージー付きプールやオージー付きプールバーもあるわで、娯楽満載なホテル。今夜もチェキナベイベ！

本日4度め
NO
WHAT ???
OH!
WOW!
オージーパニック
一瞬にしてまっ暗
その娯楽ネオンをやめれば、毎晩停電せずにすむんじゃないの？
まっ暗こわ〜い
シャ。
ふふ〜ん♪ へっちゃらプーだもん
ちゃっかり持ってきた
リゾート気分

リッチな朝食

静かに食ってるけどすげー食欲…
夜は遊び道楽朝は食い道楽満喫してるなー
エクスキューズ！ミ
コピのおかわり下さ〜
バク
バクバク
バク
サラダ
パンケーキ
食パン
フレッシュジュース
アップルチップ入りケーキ
バリコピ
ハムエッグ
フルーツ

メインストリートやナイトマーケットに歩いていける距離にあるクタの平均的なリゾートホテル。夜のどんちゃん騒ぎと違って朝はなーんて静かなこと！朝食はメニューの中から選ぶことができ、前菜からデザートまであってまさに朝っぱらからフルコース！た〜んと食えやーってくらいメニューも豊富（卵料理ひとつでも数種類ある）。お気に入りはパンケーキ。バリのパンケーキってクレープみたいでウマウマです♡

今日も元気に HOTEL CHECK

チャンディダサ
地域のみなさん全員集合ホテル

ロビーはいつもくつろいでるバリ人でいっぱい。なんでこんなに従業員がいるの？と話しかけてみたら、全員がみごとにご近所さんだった！よ～く観察したら、朝食のしたくはママ、カギの受け渡しは子ども、金銭管理はパパ、家族３人の経営だった。ご苦労様です。

ロビーのテレビなのに…
わいわい
ご近所さんテレビ
とけこんでる
くまくまの名前を聞きまちがえている
名前、ムカムカなの？
ムカって顔っていう意味なんだよ
えっ、ムカムカちゃん
ひょっとして外国人って私らだけ？

楽しいひととき

オージーサイズ

オーストラリア人はバリを訪れる観光客数ナンバーワン。だけどここまで巨大化しなくたって…。

●洗面所
カガミ
不便
腰をかがめても
ぷるぷる
あたし、何日顔みてないんだろー
●棚
バスタオル
タオルー
●ベッド
パステカもここで寝れるよ
きっと
何人用のベッドなんだ？
3人以上寝れるベッド
※1人用です

昨日まで宿泊していたホテルに蚊取り線香を差しておく金具を忘れてきてしまった。そこで金具を貸してもらおうとロビーに行ったけど、あいにく予備はなく地域のみなさんとアイディアを出し合うことになった。「灰皿に置いたら？」「コップの上に乗せておけばいいよ」…。

そしてついにナイスなアイディアがひらめいたのです！

×違います
◎正解

→私たちの方法。もうフォークは使えない…　→訂正された。これが大正解！

今日も元気に HOTEL CHECK

ロビナビーチ ドルフィンホテル

バリ北部は他より気温が高く夜でもじめっとした暑さが続く。だからこのへんのホテルは水シャワーが当たり前、デカイゴキブリ出没も当たり前。しかも、観光客が少ないせいかホテルもレストランも割高。リゾート地ののんびりした雰囲気は好きなんだけど…。

宿代交渉中
通訳→
えーと
パチパチ
じゃま
←計算中
←荷物番

ドルフィンロビー

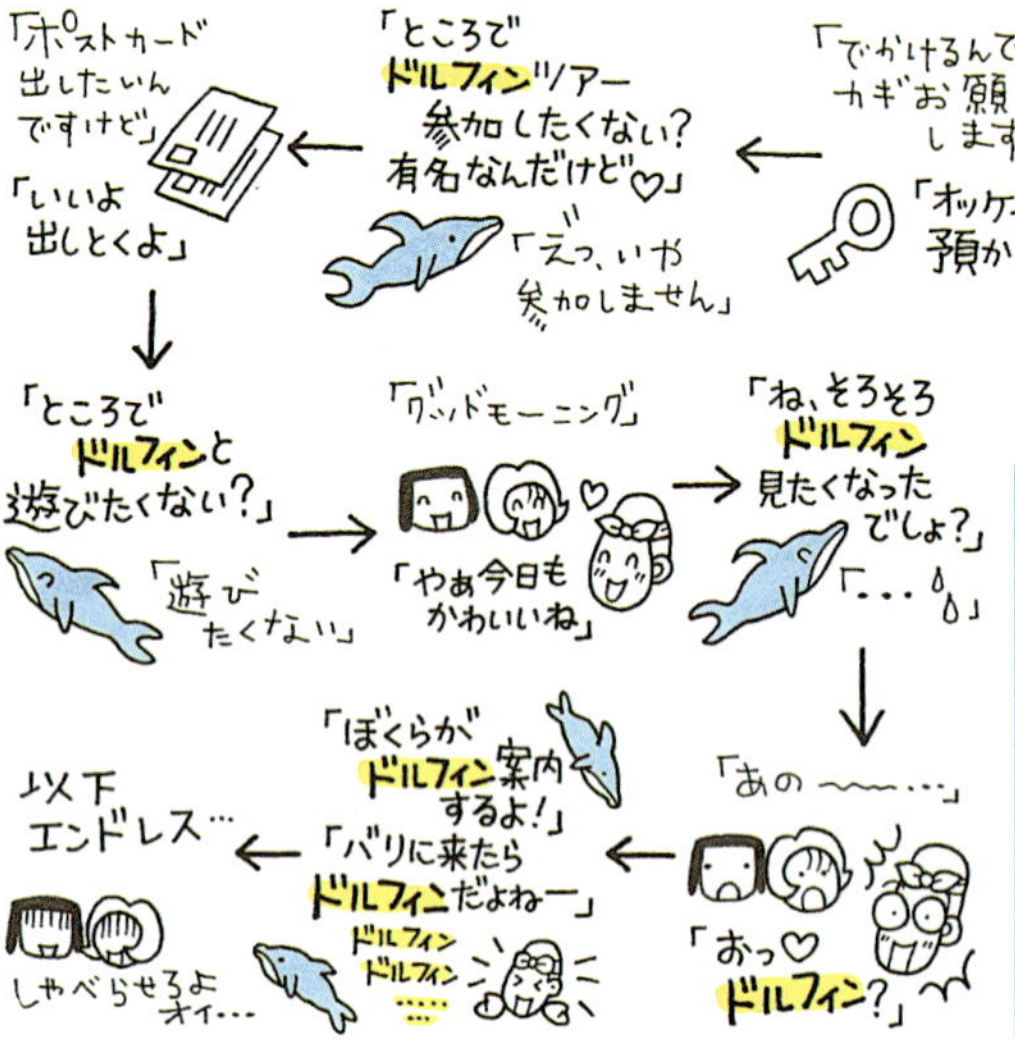
「でかけるんでカギお願いします」

「オッケー預かるよ」

「ところでドルフィンツアー参加したくない？有名なんだけど♡」

「えっ、いや参加しません」

「ポストカード出したいんですけど」

「いいよ出しとくよ」

「ところでドルフィンと遊びたくない？」

「遊びたくない」

「グッドモーニング」

「やぁ今日もかわいいね」

「ね、そろそろドルフィン見たくなったでしょ？」

「…」

「あの〜…」

「おっ♡ドルフィン？」

「ぼくらがドルフィン案内するよ！」

「バリに来たらドルフィンだよねー」

ドルフィン ドルフィン ……

以下エンドレス…

しゃべらせろよ オイ…

ロビナビーチは静かなリゾート地。でも、私たちが調べたかった学校の見学（p172参照）には場所が田舎すぎて取材の限界があった。仕方なく1日早くホテルをチェックアウト、移動することに。

　それなのに無情にも前払いした宿泊料の返金は一切なし。ビンボー旅行者の私たちには死活問題！半泣きしているくまくまをよそに、パステカはひょうひょうと「お金より時間。早く行こうよ」と言い放った。まるでお金なんかどーでもいいカンジ。

「そんなあ～パステカ！」と思ったけど、これってバリと日本の社会構造の違いなんだよね。バリは助け合い精神が根づいているから、お金や職がなくても支えあって生活できるから平気。現に独身時代のパステカは無職でも堂々と一人暮らしをしていたし、結婚した今も決してリッチではないけど、行く先々で人々にチップを多く渡してる。バリと日本の根本的な違いを実感させられた出来事だった！

　結局、私たちは時間を優先して都会へと向かった。

POINT　ホテル予約の基本

現地での飛び込み予約の基本

①部屋の内部を必ず見る
②セキュリティBOXがついてるか？
③お湯のシャワーが出るか？
④キャンセル料の有無の確認
　および払い戻しの確認
⑤状況によってはディスカウントも
　できるので交渉してみよう！

私たちも経験して学びました…

今日も元気にHOTEL CHECK

ウブド

ヒミツがいっぱい兼業ホテル

ヤシの木や南国の花々に囲まれた各コテージはメインストリートにあるとは思えないほど静か。宿泊料は高いが高級感漂うバリらしいホテル（もちろんまけさせたけど）。でもこのホテルにはヒミツがあった。それは従業員がみんな兼業ホテルマンだったんですう！

●セキュリティBOX

いつもセキュリティBOXのカギをくれないので、心配になって…。

あれー？ないなー
カギなしタンス
ポイッ
ポイッ
ポイッ

他の宿泊客の貴重品もホテルの書類もみ～んな共同の引き出しにしまっていたなんて…。

私らの全財産ヤバくないか
1F フロント
勝手についてきた

何もかもがスバラシイ！

●ランドリーサービス

私らのする洗たくと一緒じゃんっ
私たちの←コテージ
げっ
客
スタッフ
ホテル用

●ごきげんマンディ

キレイ好きなバリ人
夕方になると・・・
ざぱ〜ん
しゃかしゃかっっ
しゃか
いい湯だな アハハン♪って カンジ？
ま〜た 水浴び してるよ…

●無人フロント

朝
いってきま〜す
フロントにキーを置いていく
夜
平和なホテル
えっ そのままだ
セルフサービス状態

バリ中のいろんなホテルに泊まり歩いたけど、こんなホテル初めて！オーナー自ら木彫り職人を兼業し、受付も電話番もしないでひたすら作品を磨く。もちろんスタッフも兼業のオンパレード（笑）。

ある夕方、私たちは不在のオージーのコテージで副業で疲れたのか、マグロ状態で昼寝してるホテルマンを発見！アットホームな雰囲気だから居心地はいいけど、バリ人気質をいちばん感じさせるホテルだった。

バリ人にしては珍しく働き者

ベッドメーキング、掃除、朝食の配膳などなど、彼の労働力だけでホテルは機能している。バイク屋と兼業中。

兼業ホテルマンその1
ワヤン

●朝食

どーやって食うんじゃ
ごめん欲しいよワヤン
あ、フォークとスプーン忘れちゃった。でも、いらないよね――♡
ケロッ
LOVE
デザインの統一性まったくなし

●壊れたシャワー

あちっ
ギュー
お湯ドバッ
じょじょー
さむ
ギュー
水ジョロジョロ
ポタポタ
ムンギュー
力ずくで直すだけ
10日間この繰り返し

「スラマッパギ〜（おはよう）♡」ホテル敷地内で会っても、バイク屋の仕事中で会っても、必ず笑顔で声をかけてくるワヤン。弟みたいでホントかわいい。ホテルの仕事を誰よりも一生懸命こなして働くけどそこはバリ人、かなりいい加減な仕事ぶり。タオルは何日経っても取り替えないわ、壊れたシャワーは力ずくで直すわ…そんな彼に私たちは毎日のようにサービスのリクエストをメモに書いていた。「手紙読んだよ、や

自己申告制なので
タオルの交換や
トイレットペーパーの
補充はフロントへ
行って頼む
ハイヨ♡
トイレットペーパー1個!!
内線くらいつけてよ
●タオル
くちゃー
①
②
てき
ぱき
③
ぱさっ
替えてほしくて目立つところに置いておくのに、毎日キレイにたたんで定位置にもどしてくれる
●電気
暗いよー電球替えてよー
1コついてれば大丈夫!!
さすが　バリ人!
●文通
トイレのドア
LOOK! ワヤン!
トイレが詰まって流れません。今日中に直して下さい
OK!
ちゃんと直しておいたからもう大丈夫　手紙ありがと
直接伝えても、すぐ忘れてしまうので手紙で伝える

っといたよー♡」とあのかわいい笑顔で言われると「いいよ〜、ワヤ〜ン!」呆れつつ、つい許しちゃう。

チェックアウト当日、「仲良くなってもお客さんは帰国すると僕たちのことを忘れちゃう。僕たちバリ人はまた来てくれるまで待つしかないから寂しい」。バリ人にとって観光客は一期一会が当たり前、感情に浸ることがないというイメージがあっただけにワヤンの発言は意外で、思わずじ〜んときてしまった。

朝しか出勤しない営業マン

宿泊料の決定権を持つほどスタッフの中では地位が高いらしい。外見はふてぶてしいが、心は純な男。画家と兼業中。

兼業ホテルマンその2
エディ

初日の朝（出逢い）

宿泊？部屋ねー
ああこれからひとつ空くからちょっと待ってよ
んぷー
んぷ
ヤナヤナ野郎
こいつ～
ムキー
エラソー
2日目の朝（営業）
いつも朝食時にあらわれる
絵買わない？展覧会も10年やってんだ
兼業
もぐ
もぐもぐ
おっ脈あり♡
ふーんこれいいね
?
よし、額なし100万ルピアだ
あっさりヤダッ
いらん
50万！
荷物だしー
25万！
額つけて20万！
重いしー
大暴落
日本に作品を輸出したい男
じゃー15万で買うちゃる♡
ハーよかった…
かわいそう
もーけ♡1/10の値段だわん
自分を安く売る男エディ

3日目の朝（主張）

私たちを見て他の観光客と雰囲気が違うと感じたエディは、腰を落ち着け熱く語り始めた…。

エディの主張
以前宿泊客の日本人女性にストーカーされたんだ
ビデオで見たけど日本人女性は誰とでも激しいHするしビョーキ持ってるし
結婚するならバリ女性だね 純粋だし――
日本人女性はキライだけど、君らは他の客と違うから好きさ♡
硬派な男の主張
そらアダルトビデオですわ
もぐもぐ
つまり色気がないってことか？
これが朝食時の会話か….?!

4日目の朝（再び…）

エディは昨日、午後から日本語を教えてと頼んできたのにとうとう来なかった。どうしたのかと思えば…。

きゃぴ♡
エディ！
こりないヤツだな
その態度が誤解をまねくんだよ
私エディさんでーす 観光ならエディさんにおまかせね♡
怖い人かと思ったのにオチャメ♡
やさしー♡
おまかせしたい♡
←このギャップが日本女性を恋に走らす

プチバリ人

子どもはシャイでかわいいなんて誰が言った？
やっぱりあなどれない…彼らはプチバリ人。

撮って

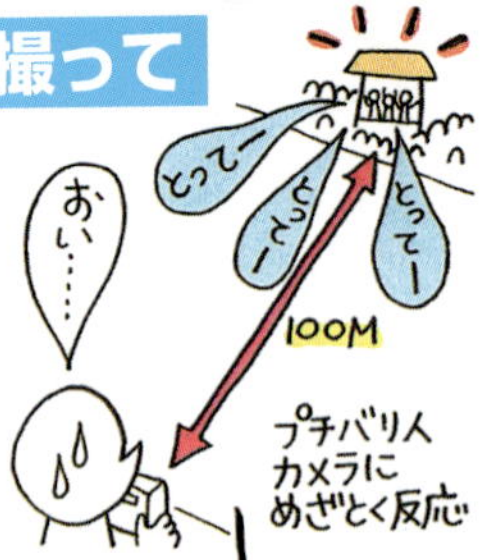
とってー
とってー
とってー
おい……
100M
プチバリ人
カメラに
めざとく反応

ホラみろ…ブレブレじゃね〜か

注目

どれどれ
観察したれ
じーっ
何釣ってるのかな
ミイラとりな
2人
何してるの？
下におりて
くれば？
観察
しちゃお♡
あっ
ジャパニ

大人
ジャパニ
ハロー♡
てて
えっ
12才から
タバコを吸っても
いいんだって…。

明るくて超フレンドリーなのはいいんだけど好奇心いっぱいの視線でじろじろ見られる私たちはまるで白いカバ。ただ歩いてるだけ

お教育
将来にそなえて
バリ舞踏
レッスン中。
パンパン
右、左、右
ステージ
ママ
もっと元気よく!

なのに興味津々でついてくる。同じアジア系だから私たちに親しみがあるんだろうけど…超フレンドリーすぎて落ち着けませ〜ん。

競争
なぜか
通行人
プチバリ人
ハロー
ハロー
ハロー
ハロー
ハロー
なんで私ら
走ってるのー?
うにゃー
ぜえ
ぜえ
超フレンドリー♡

楽園の住人たち

人間同様、暑さで本能を忘れてる…。
そんなアンタに涙が出るわ～。

法則

●CDショップ

キャキャー
ぴゅ
あら
トッケー
あれ？
こうぜん

●レストラン

トッケー
どしたの？
ゲッ
トッケー嫌い

法則―― キライな人に限って発見してしまう…

ケバすぎ

マゼンタ100％
染めの闘鶏。

ケ、ケバい…
何やねんコラ
てめっ
やるか

どいてくれ～

先住民のみなさん
なんだオメエ

↓ラッパ形に咲く花トロンペ（TROMP）

うっ
ここでは神様だから
どかすわけにはいかない

だらしない犬コンテスト！

第1位
アンタが大賞！

↑初めて見たわ…こんなスバラシイポーズ！

第2位

↑ホテルの犬。お約束ポーズ

ステキ♡
カワイイ♡

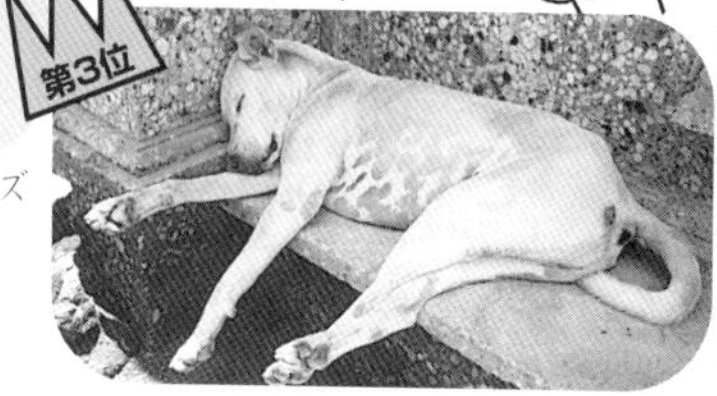
第3位

←階段で寝ないでくれ

マジ!?

ペット兼非常用
食料というウワサが….

よしよし
わら
わら
おまえ ウマウマ?
もしやコイツも～

chit-chat!

空飛ぶバリ

乗った瞬間から何もかもバリしてて超楽しい！今度も絶対コレに乗る！

注文とり

地球に優しいこの航空会社はメニューがありません。乗客は瞬時の判断力が必要です。迷っているヒマなどありません。

ビーフ
ビーフ
ビーフ
あっビーフ
あウナギ…もう、わたしにはビーフしかないのね…
パ

ドリンク

とりあえず飲みたいものを言ってみるのもテです。

コーラのみたい
英語
はい。では今、お持ちしますね
わたしも
オレも
日本語
ぼくもっ
テ
コピ
すくっ
ひっく
自分の力で注文しろよ
BIR
うそっコピとテだけじゃないんだ

ウナギ
ウナギ
すー
ウナギ

←「オムレツ」。卵フカフカ、中は程よくト～ロトロ

「ビーフ」。→肉の食感は相変わらずゴムぞーり

←「スシ」。ソバとガリ付き。並にオイシイ

リサイクル

地球に優しいこの会社はパンフレットも大切に使います。乗客側も持ち帰るのは気がひけます。

おみやげパンフだけど
らくがきで読めねえ
ぐちゃぐちゃ
実際注文する人いるのかな?
ちぎれてて価格わかんないんですけど
びりびり

荷物をとる

サービス満点。イヤな表情ひとつせず笑顔で要求に応えてくれます。まさにバグース・インドネシアです。

カーキーのリュックをとって下さい
ハイ、どうぞ
それはグリーン
…

着陸しても離陸しても

機内で…

機内に足を踏み入れればバリの香りがプ〜ンプン。どこまで客にオヤツを配ったのか忘れて何度も配ってみたり（嬉しかったけどね）、座席トレーやリサイクルイヤホンが壊れても気にしなかったり。民族衣装を着たインドネシア人の乗員のこんなマイペースな仕事ぶりを見るともうすぐバリ！という期待がいやがうえにも高まってくる。

つながらない…

私たちは個人旅行なので、当然リコンファームは自分たちでやったんだけど、なぜかいつも電話がつながらない！話し中や朝夕の営業時間外（ホテルマン談）だったり、つながってもコンピューター故障中で受けつけてもらえなかったり…。ホテルを移動するたびにここに電話するのが日課になってたよ。このマイペースな仕事ぶり…やっぱりどこまでもバリなのね〜。

Part 4

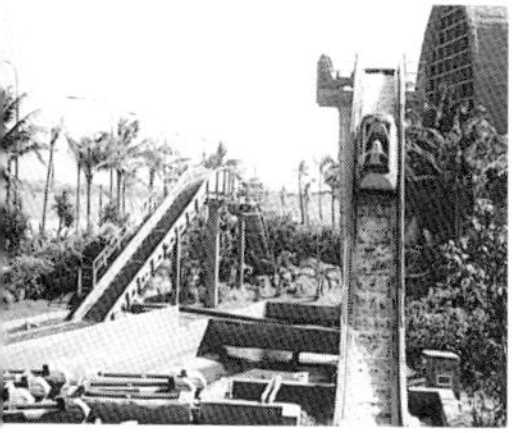

ウハウハ、これぞ大あたり

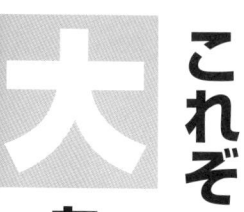

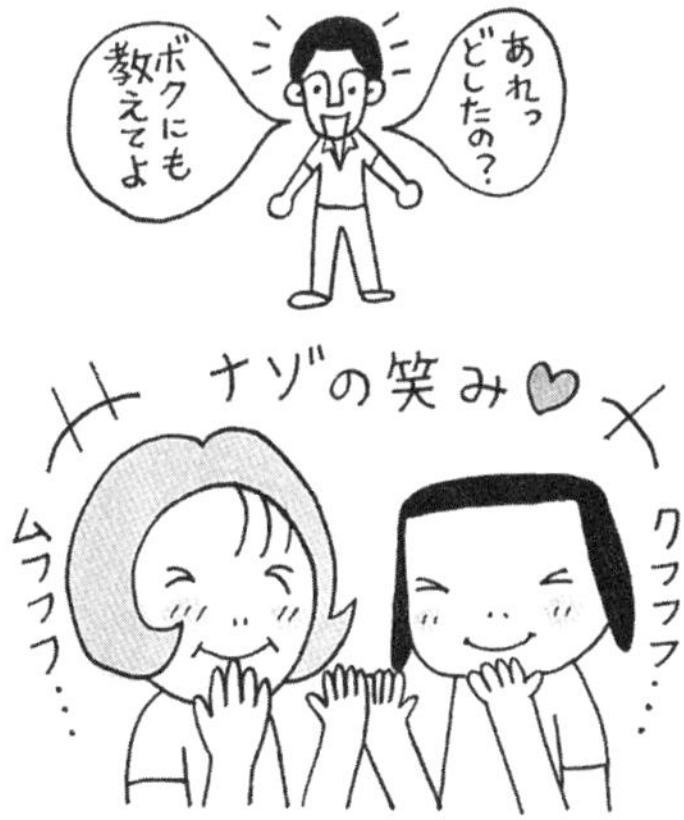
あれっ
どしたの？
ボクにも
教えてよ
ナゾの笑み♡
ムフフフ…
クフフフ…

おすすめA級穴場ホテル

情報はP146を見てね！

チェックイン時に宿泊客がたまたま少なかったという理由からなんとディスカウントして1泊20ドルで泊まることができたビジネスホテル。よく見りゃ、宿泊客は背広をパリッと着た各島々のインドネシア人ばかりだし、ホテル側の対応も機敏でムダのない動きをしてる。あらら、私らだけ観光客?ってカンジ。部屋を孤立させたコテージタイプのホテルもバリらしいけど、たまには都会的なゴージャスライフを満喫しましょ♡

GOOD ROOM

初めてのマイ冷蔵庫！ボトルワインからケーキ、チョコまでラクラク収納→

洗たく難民
自分の力で乾かしてやるっ
ビンボー人根性
うろうろ
どこかな～
熱で乾け！
ぶーん
風で乾け～

せっかくのゴージャスな部屋なのに、湿気が多く、洗たくものが全然乾かないという難点も…

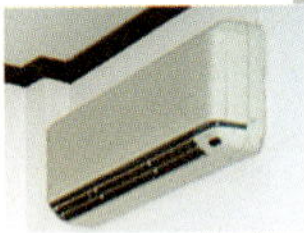

←なんと日本製のエアコン！もちろんタイマー付き

しっかりした蛇口だったけど…→

このシャワーHOTから水しか出ない～
ガタ
ガタ
HOT
COOL
ざぶ～
へ？表示が逆なんだよ！
ホカホカ

↑丈夫なオートロック式のドア

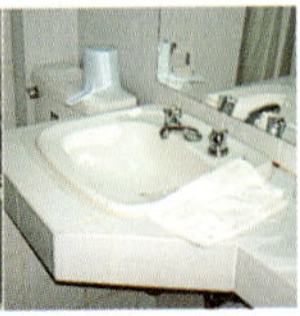

↑洗面所。マンディひしゃくもピカピカ

GOOD SERVICE

サービスは電話一本でOK
いつものようにゲリで目覚め
ぎゅるるる
むくっ
トイレに行くと
紙がナイ!!
電話
フロントですかー
トイレットペーパー持ってきてくれますかー?
ぎゅるるるる
数分後
コンコン
おおっ（ホントに）持ってきた!
どーぞ
235
1日中、通気性が悪くて洗たくもの乾かないよねー
電話!
フロントですかー
ランドリーサービス頼みたいんですけどー?
モノはP24のヒミツパンツです
ベッドメイキングの時に取りに行かせますのでベッドの上に洗たくものを出しておいて下さい
翌日の夕方部屋に戻ると
ただいまー
おおっ（ホントに）クリーニングしてある!
すごいな
すごいな
電話だけで用件がすむなんてっ

その他として…
P100～111と同じ宿泊料でこのサービス!
●ふとんがいっぱい
まくら2コ
毛布2枚
綿ふとん
かけふとん
1人分
常備
●氷入りミネラルウォーター
●モーニングコール
RRR
●テレビ見放題
●毎日新品の石けんをサービス
石油王ならぬ石けん王だわ♡

GOOD STUFF

すべてはこの男 バリ版 渡辺謙 にあり！！

このホテルが5つ星なのは、すべてこのフロントマンのおかげ！どのスタッフもステキだったけど、やっぱり完璧な仕事ぶりのアナタに私たちはめろめろ〜。

カンペキ!

24時間フル稼動

彼はバリ人は働かないという常識をくつがえした。日本人以上に働きまくる

↑早朝からフロントの電話の対応に追われている

→どんな要求にもスマートにこなす

→客のチェックイン・アウトの手続き、セキュリティBOXの管理、他のホテルマンへの指示、リコンファームなどフロントの仕事をすべて1人でこなす

←深夜まで電話が鳴りっぱなし

←実はロボットだったりして…？

GOOD STUFF

おまけ
仲良しホテルウーマン
ある朝食時、声をかけてきた
あのー、すみません、電話にでてもらえますか?
電話?
会社の件で急用らしくて…すぐ知らせたいことがあるから日本人にかわってくれとおっしゃられまして
Hello…
? ?
会社
この間の件で―
えっ、女!?
えっ、日本人違い!?
オ〜、ノ〜〜〜、
オージー
オレもオーノーだよ
ごめんなさいねー日本人っていうからてっきりー…
どうみてもビジネスマンじゃないだろー
それ以来ー。
おはよー なに食べる?
オイッス!
うちーす
すっかり仲良しさん♡

have a nice day
いってらっしゃいませ
スッ
スッ
嬉しーけどあっさりしすぎて物足りなく感じるのはなぜだろー

カンペキ!

硬派

もちろん客をナンパすることなどありません。今日も爽やかにお客様をお見送り!

PM 4:00
カンペキッ
ぱっぱっぱっ
ルームキー
さっ
ささっ
さささっ
書類
貴重品
あ!
お!
さすが!

カンペキ!

記憶力

連泊客の行動パターンを記憶しているため、客は何も言わなくても用が足ります

貸しきり！ステキな遊園地

情報はP146を見てね！

→遊園地の告知広告

→外観

↑色彩が超トロピカルなメリーゴーランド

バリに遊園地があるコトを知ってる?その遊園地の名前は「タマン・フェスティバル・バリ」。ガイドブックにも載っていない超穴場中の穴場！私たちは東京ディズニーランドを想像していたけど、確かに敷地面積はそれに勝るとも劣らず。でも中身はまさにバリ一色のトロピカルな遊園地だった！

すべてのアトラクションはバリ絵画をそのまま貼り付けたような装飾だし、植物園は陽気なヘビ巻きおやじがいたり、楽園ならではの動物たちがいる。さらに16種類あるアトラクションのうち、稼動してるのはたったの3種類…しかもすべてのアトラクションの運転・売店販売をスタッフ2人でこなす。働き者のように聞こえるが、お客の方も私たちとオージーファミリー合わせてたったの8人！私たちの後に従業員がついてまわってアトラクションを動かす。まさにスター気分の貸しきり状態（笑）。日本人2人とバリ人1人を熱狂させたバグースな場所！たまには寺院以外の観光地に足を運ぶのもいいぞ。

ウォータースライダー
いちばんのウリがこのアトラクション
ずぶぬれ度★★★
ひゃーー ぬれちゃったねーーっ
楽しーー
気温35度だからすぐ乾くよ
ガイドとして私たちの荷物を見てると言ったはずなのに…
あれ？
もぬけ
パステカ
カラカラ…
走るたびにオプションでついてくる無人カー
操作室
ヒュー
ヒュ――ッ
楽しいね
わ～い！この人誰？？
なんでボクたちと乗ってるの？
オージーファミリー
あんなところに！
客のツアーに便乗して遊ぶ男
おいおい
赤の他人の子どもと
遊んでんじゃねーよッ

スリルライダー

ドキドキ度★★★

ひぃぃぃ
マジで速ぇーーー
長いっつーの
いい加減止めてくれーー
本気で泣いてる
風圧でムンク顔

ぐるぐるカー

トホホ度★★★

わーい♡
まだ回るぞ
ラッキー!
5周目
オプションカー
ぐるぐる
ガイドしてるつもり
お願いだから降ろしてちょーだい!
くまちゃーん
なんで降りちゃったのーー?
8周目
ぐるぐる
ぐるぐる
もう10周目よ※
オージーママ
えー
もう降りちゃうの
もー
スタート押しちゃったよ
操作室
1分以内で回れちゃうようなところ3周もすれば十分だよ!!!
自己申告制。
タイミングが悪いと「降ります」といっても
なかなか降りれない怖いシステム

やけくそオージーパパ
ふたりともーダイジョーブ？
ガイドしてるつもり
えーーっ長いかなーー？
日本じゃ10分も乗せないよ 汗
息子よーイエーーイ
ハハハ
わーい
パパ

コーヒーカップ

ぐるぐる度★★★

こっちくんなっ
えー
ブブブーー？
やっぱりガイドしてるつもり
ふたりともーダイジョーー……
すでにあんたが大丈夫じゃないスピード
次の日
いや〜昨日の夜気持ち悪くなって吐いちゃったよ♡
てへへ
2人とも大丈夫だった？
がるるー 汗
ガイドとして0円《タダ》で入ったくせして人一倍遊んでるからだよ 汗

超楽しいテレビタイム

やっぱりテレビは娯楽の王様！ねえねえ、今夜はどの番組を見ようか？

MUSIC

コトバがわからなくても世界共通で楽しめるのは、やっぱり音楽！

イイ男を探せ

どいつもこいつも
ヒゲと年寄りばかり。
これがバリの
イケてる男？
ぼえー
ぼえー
デスメタル
ガルルルルルッ
オレの犬のクレヨンは
よだれを
ダラダラ
たらして
ワァウウー
クールな
バンドのメンバー
真剣に歌う内容か？
近所のおやじにしかみえないベテラン歌手
鬼太郎風
ノリは
1970年代

しゃべりすぎ

30分の歌番組なのに….
パパラピヤ
アパアパ
ブニャラピヤ
Wow!
プペラニャ
ピニャ
a-ha!
パニサヤ
プヤプ
ブルプルパ
パニプヤ
コトバのわからない私たちにはこう聞こえる
HaHaHa!
プチャピニャ
テレプル
サマサマピラ
クピプパラニャ
クニャパラ
ニャラパ
ピピラ
パラクラレ
アパニャペラパ
ブプルピルペン
ピラルプル
oh!
パラピラ
ニャ
いーかげんしろっに
Fu. Fu.
パニャ
パニャ
クニャパ
プサプサ
クラクラ
パパパ
oh!
ガニョ
ウルティ
ティン
超もりあがる司会者
20分もしゃべる。歌は2曲だけ…

MUSIC

ボーイ・ジョージ

ニセモノ
オーホホホ
オカマ笑い
ドレッドヘアー
厚化粧
金
まねてビーするヘボステップ
鬼太郎ベスト
たん
たん
おえっ怖いよー
何コレ! ふるーっ
ファンです♡
ホンモノ
クセ
オーホホホ
オカマ笑い
上達しないヘボステップ
ヴィヴィアンウエストウッド
たん
たん

1983年頃のジョージを参考にしている(???)歌手、emen

emenの映っている隣の局で歌う、現在のジョージ

バリのテレビ番組は全部で5チャンネルある。主な流れは、午前中は若者向け音楽番組やコメディードラマ・料理番組、昼はスポーツ、夕方からキッズ向けアニメや特撮ものとなり、夜はクイズ番組やニュース、深夜はご年配向けの音楽番組や討論会となる。日本では深夜は若者が見る番組の時間帯であるだけに、このギャップにはビックリ!

テレビの普及率も高くなり、働かないバリ人はますます働かなくなったよ〜。

ドラマ

いつもどこかのチャンネルでドラマが放送されている。ところが…

国産ドラマ
●溺死
いきなり死んでる。理由もわからない。とりあえず早く引きあげたら？
怖すぎ
うわっ
●射殺
カースト制度にはばまれた恋。最後に射殺されるなんてあんまりな〜
ゲッ
ハッピー青年
ズキューン!!
●殴打
バイオレンスすぎる。
愛人
ぱしぱし
妻
よくもうちの人とったわね！
びんたびんた
パパやめてー
上流階級
うちの娘との交際は認めんぞっ

金持ちの主人公を不幸においやるのが国産ドラマの傾向。

ニュース

意外なコトにバリ人はニュースが大大大好き！よその島の様子が気になるんだって

強制ニュース
午後10時から30分間はどこのチャンネルもニュース。
それでは次の曲を…
ぶちっ
ニュースの時間です
だーから番組の途中で切るなっちゅーの！
おっと
大喜びのバリ人
まってました！

クイズ

人気のあるクイズ番組は毎日放送される。そこで懐かしのアノ番組を発見！

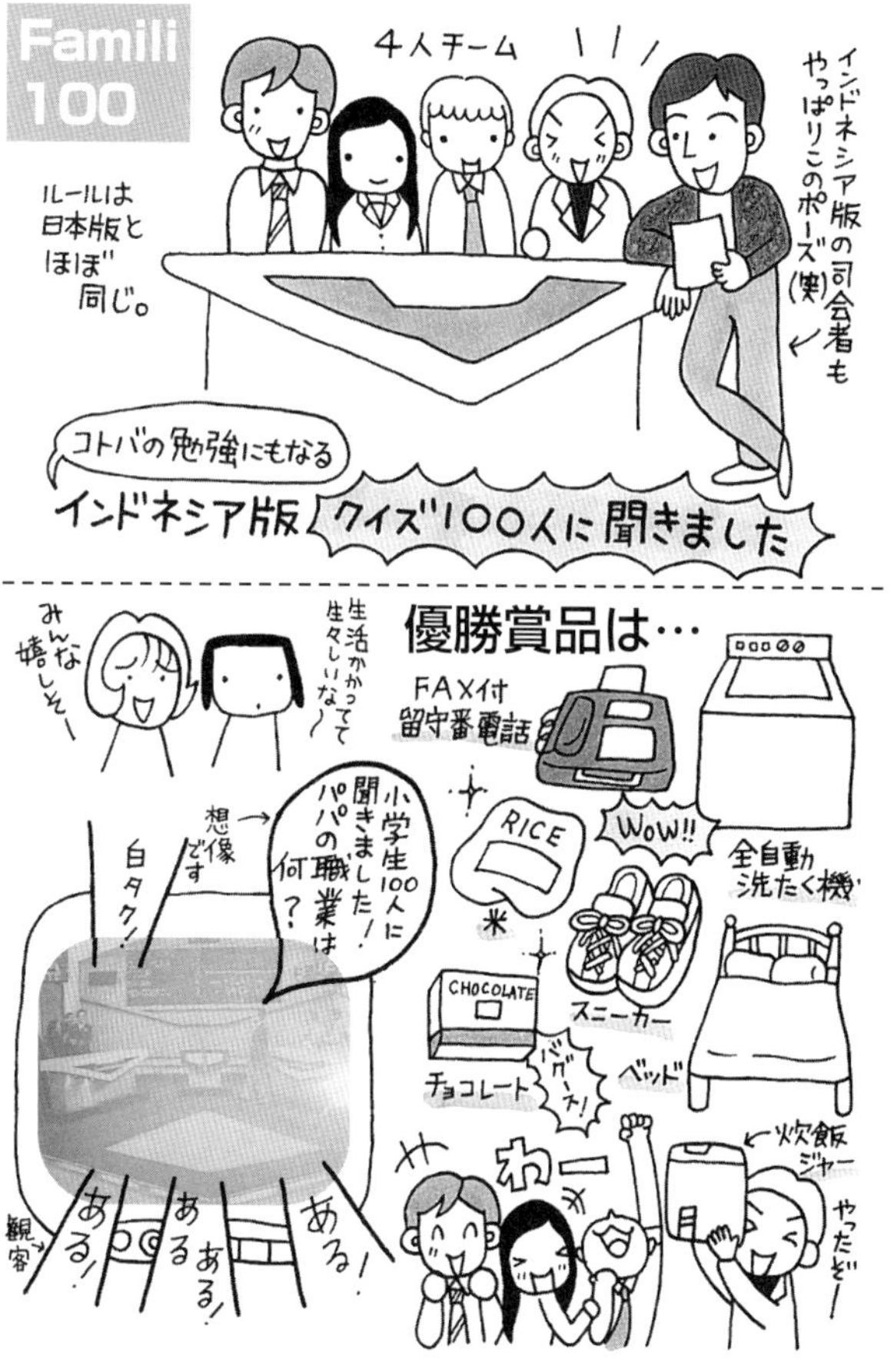
Famili 100
4人チーム
インドネシア版の司会者もやっぱりこのポーズ(笑)
ルールは日本版とほぼ同じ。
コトバの勉強にもなる
インドネシア版
クイズ100人に聞きました
みんな嬉しそ～
生活かかってて生々しいな～
優勝賞品は…
FAX付留守番電話
RICE
米
WoW!!
全自動洗たく機
想像です→
白タク!
小学生100人に聞きました! パパの職業は何?
CHOCOLATE
チョコレート
スニーカー
バグース!
ベッド
炊飯ジャー
やわー
やったぞ～!
観客→
ある!
ある
あるある!
ある!

バラエティ

ミョ〜に色っぽいしぐさのカリカマ（カリスマオカマ）司会者は、私たちの熱い視線を独占！

トークショー
30分のトーク番組。
意味不明のセット
ガハハ
ハイテンション
やだわー♡
なぜかガーベラ
カリカマ司会者→
笑うたびにソファーからころげ落ちそうになる
←ゲスト
自分のギャグにうけまくり
スポンサー提供のキャンディ
どー見ても大量すぎ
CANDY
ANDY
ミキサー
6本のロウソク
何の意味が？
アルバム？
濃いキャラとリアクションにつられて、私たちも笑いっぱなし

クッキング

バリでも長寿の人気料理番組に出演していた道場六三郎氏だったが…

料理の鉄人
やっぱりカリカマ口調
これ、すごくおいしいわ！ねーー？
オーケイ オーケイ イエ〜〜イ！
ヒーック ヒーック
ブイブイ
緊張をほぐそうと飲んだ酒にのまれた男
オイシ〜♡
※ジャカルタ制作
妙なハイテンションの鉄人のちらし寿司は大好評だった

C　M

イメージ重視のコマーシャルなのに、おもしろすぎて笑えました

ファイト1発

たくましい男のハズが….
ずるっ
あらっ
あなたっ そんなときは コレよ!!
と、商品をさしだす
妻→
トレーニングマシンからころげ落ちる夫
あまりにも情けねえ….

オッパイジャムー

ジャロに注意されそうな誇大広告
① 夕方、落ち込んで帰ってきた主人公
② 夜も更け
③ 翌朝、理想体型になってモテモテ人生を満喫
顔の変化もジャムー効果?
ボヨヨ〜ン
これのおかげね♡
ウンコ色ジャムー
※ジャムーは続けて飲まないと効きません

通販

何回もくり返す
コソンコソン グラパン
コソン コソン グラパン
コソン コソン
明日パステカに聞いてみよー
このコトバ使ったらすごいかな?
それは数字の「00」ねー コソンコソン
役にたたねー 覚え損だ
ガクッ

映画館を探す旅

Kebebasan Seksual
MOVIE
1. MR BEAN
Rowan Atkinson
2. CRITICAL DECISION
Kurt Russell
Steven Seagal
START

→シンガラジャで

→チャンディダサで

ALVIN SHAYNA
INNEKE
OESHERAWATI
FERRY TANJUNG
TEGUH YULIANTO
AKIBAT

チャンディダサ

ど――よっ
うちの映画館!
24インチ
TV
えっへん!
スピーカー
ビデオ
デッキ
自慢されてもねぇ
どーよと
映画館はこっちにあるといわれ
おばさんの後についていったら
『テレビで見るビデオ映画付き』
レストランだった……

ロビナビーチ

1F
プールバー
えっ
映画が見たいの?
この上だけど行って何するの?
何って、ふつー
映画鑑賞だろ――
…で行ってみると
2F 映画館
ば―――んっ
MOVIE
うふーん
あっはーん
ボロッ
ゲッ!
アダルト映画
しかもボロッ!
いつ上映したんだ?

なんで行くとこ行くとこ成人映画ばっかなんだ（涙）。

　ここ数年、急激なテレビの普及と質のいい番組や洋画の放送によって閑古鳥が鳴いてる映画館。苦肉の策でテレビで流せない成人モノを上映して細々と営業してるとか。映画産業自体も国産映画の質が芳しくないようで衰退の一途をたどる。インドネシア映画は特撮モノが笑えて楽しいと聞いたから絶対に1作は見ようと計画を立ててたのに、これじゃ超大ハズレだよ～（涙）。

クタ
えっ♡ 映画が見たいの？
すぐ近くだから案内するよ
うふ♡ うふ♡
うっ
その笑み やな予感…
デンパサール
えっ 映画が見たいの？
クンバサリ・ショッピングセンターに１軒あるけどホントに行くの？
もちろん！
…で行ってみると
再び
ばーーんっ
MOVIE
MOVIE!
あっは～ん
うふ～ん
一緒に見…
バキッ
ガクッ
またこれか
…で行ってみると
やっぱり
ばーーんっ
ON AIR
うっふ～ん
あっは～ん
どこの映画館へ行っても国産映画はアダルトだけねー
これ見る？
ぶんぶん

ゼイタク時間で1日を過ごしてみよう

バリには、ゆっくりのんびりと時間が流れる「バリ時間」というものが存在する
遅刻しようが約束を忘れようが、慌てず焦らず急がない
バリ人は、何があっても何が起こっても「ティダ・アパ・アパ（気にしない）」
ゼイタクもいろいろあるけど、時計をはずして何もしないで過ごすのって何よりのゼイタクかも

朝、自然に目が覚める
ぼーー
コケー
コッコッコー
コケケッ
コケ
ぎゅるるるる
ぐううう ぎゅるるる ぐぐーーっ
腹の具合が悪くて起きた
腹がすいて起きた
朝市へ行った後朝ゴハンをだらだらと食べる
ぼーー
ぼーー
のろのろ…
へー
ぺらぺらぺら
でねー
ホスト付き
午前中、だらだらと散歩
スラマッパギ！（おはよう）
毎日会う近所のおやじ
アパカパール？（元気かい）
道ばたで昼ゴハン
ぼーー
ぼーー
ぼーー
ぼーー
もしかしてあれは日本人？
まさか？
ぼーっと食べる人々

超ゼイタクな過ごし方

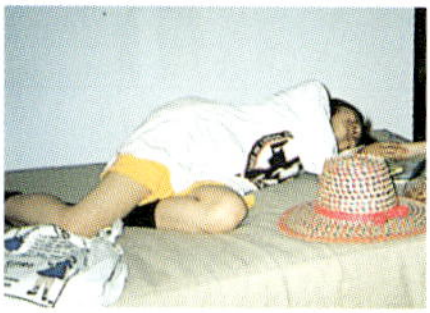

郷に入っては郷に従って、ゼイタク時間を体験してみよう！

なんちゃっておみやげカタログ

おみやげを買うのは海外旅行の楽しみのひとつ。家族・恋人・職場の上司…。あの人に買わなきゃ、この人にも前におみやげもらったからお返ししなきゃ…買い忘れはないかしら?なんてぶつぶつ言いながら、メモを片手におみやげ樹海にハマってる時間はけっこう楽しいもの。

たとえば、店先に並んでる木彫をひとめ見て「あっコレは!」なんてビビッとひらめいたら、まるで今まで木彫が買いにきた私たちを待っていた気がして、何だかそれだけで涙ウルウルしてしまう。今を逃したらもう手に入らないかも…なんて考えると旅先での出会いはまさに運命!特に私たちは、自分のおみやげには情熱を燃やした(笑)。

パステカは「女の子ってオミヤゲ好きね〜」と感心してたけど、バリじゃないと手に入らないし…とまあ立派な言い訳もできる。さあ今日もお宝求めていざ行かん!

●半額サロン

おトクなお買い物
意外なトコロにある穴場を発見しちゃいました！

情報はP146を見てね！

山奥にあるシーダマン村付近の雑貨店。こんなところに一流品サロンがあるなんて……。

先に20万ルピアでサロンを買っちゃったよー

うわっ、安い！10万ルピア!?

くやしー

BATIK

●傷はあれど…

一部に傷があるけれど立派な一流品サロン。安値で買えます。

かたっぱしからしまう店員

せっせ せっせ

さっきまで見てたサロン

さっき見たのと比べてみよー

かたっぱしから広げる2人

この柄スキ

すげー2度手間

テーブルクロス

POINT 流品サロンの基本の見分け方

① 表裏の柄や色が変化してないかチェック。変わってなければ一流品！

② 一流品は色落ちしない。物売りの扱うサロンは3～6ケ月で変色してしまうので避けた方が無難。

あっコレ色違う

これは本物だね

→目次A4 シーダマン村付近の雑貨店で一流品のサロンを半額で買うことができます

↑→木彫はネコが主流だけど他の動物も健闘

↑ピリ辛調味料のサンバルアサリ。ウマウマだったのでダース買い上げ！

で、いろいろ買いました！

買った笑った、買わなかったけど気になった…そんなおみやげを大公開！

→アイスフルーツティー。マンゴー、メロン味など

ザ・定番

人にあげて喜ばれる安全圏なおみやげ

自分宛にポストカードを送れば旅の記念にもなるよ！

↑友人に頼まれたカエルの木彫。カエルの木彫そのものがなくてあちこち探し回った

→鉛筆。きちんと包装したのに帰国後折れてた

→かわいいテーブルナプキン入れ

↓山と積まれたプラスチック製の食器

ポップ＆カラフル！

原色蛍光色ギーラギラ！100m離れてもわかる配色はまさにバリカラー！

誰が買うんだか？

首をかしげたアヤシゲで
個性的なおみやげ

↑どこから見てもコテコテバリな仮面

首チョンパな人形→

↑バティック。バリではフツーのシャツなのに「ヤクザみたいな柄」と言われた

自分におみやげ

自分が楽しむための
ささやかなおみやげ

↑さんざん試聴して買った葬式ガムランテープ

ところが…

最後まで聴き終えた例しがない…

↓インドネシアではまだまだ貴重な絵本。神話に基づいた内容も

→中身。鉛筆でなぞってイラストを浮き出させたり、キリキリして遊ぶ

キテレツなおみやげ

笑えるおみやげ。
シャレでひとついかが？

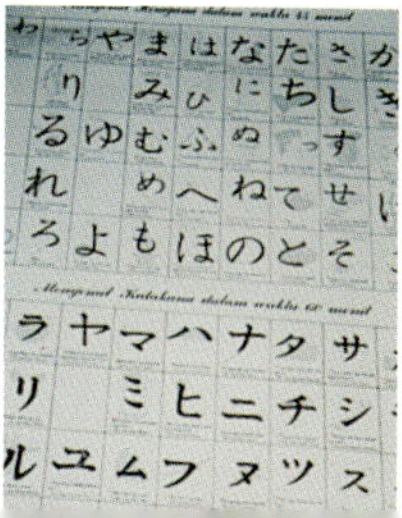

←日本語絵文字ポスター。絵文字で日本語を学べる

選ぶお買い物

土産物屋や免税店で買う品物ばかりがおみやげじゃない。贈る人や欲しいものにあわせて、かしこく買い分けよう！

POINT

両替の基本

①両替所を数軒ハシゴしてレートをチェック。午前10時前は前日の表示なので要注意！

②レートが悪いときは銀行で両替するのもテ。

ノープロブレム
私らはプロブレムなのっ
ぼったくり両替所もあるから、必ずその場で数えよう！

村	目的／値段が高価でも個性的な品物を買いたいとき　品物／ガムラン楽器など 利点／その村でなければ買えないおみやげがゲットできる

●銀細工のチュルク村

ようこそいらっしゃいました
おみやげ買っていってね♡
おそろいTシャツ
あんたら…. ノリは部活動
帰国後…
よく冷えたアイスクリームを食べようとして….
ガーン
うそーンっ
あっさり曲がった

●竹細工のボナ村

そのベッド2万円でいいよ♡
配送サービスもできるよ♡
とっても涼しいよ♡
デカすぎて玄関から入らないよー
窓こわせばちゃんと入るねー
デカデカ
でで——ん!!
買って買って
おい
3m

スーパー

目的／安価で大量に買いたいとき　品物／食料品、本、衣服
利点／バリ人がいつも使う品物がゲットでき、値段が明確

●ひとめぼれ
①ガソリンスタンドで
バックオーライ
The Nasi
あのナシゴレンTシャツ欲しいっっ
色んなナシ料理がイラストになってるTシャツ
ん？
②
ないっ
ないっ
ないっ
おみやげ屋を大そーさく！
これかな？
BALI
違う
これも違う
③あきらめかけたころ…
あったー!! ついにスーパーでゲット!!
オー
オー
パチパチ
つられてる店員

記念に

目的／旅の記念に持ち帰る　品物／チラシ類、コイン、パッケージなど
利点／無料でゲットできるおみやげが多い

LOTTE
coffee

←おつりでもらったキャンディ。中身はどちらもストロベリー味だった…

TROPICOOL

最後まで食べても味がわからなかったゼリー→

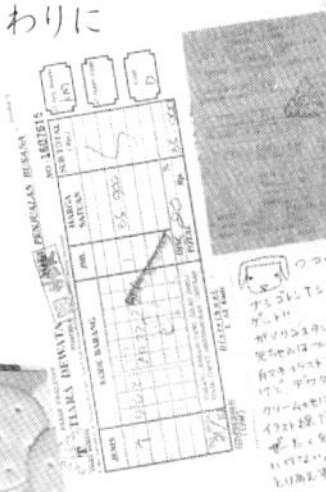

↓ノートに領収書を貼ってメモ。日記代わりに

RAMAYANA BALLET
PRESENTED BY : BINA REMAJA TROUPE
TOURIST INFORMATION

↓バリ舞踊の案内パンフレット

SOBISCO
SNIPS
Tasty Snack Crackers

↑「NABISCO」ではなく「SOBISCO」

KARTU TELEPON 140 UNIT
TELKOM
INDONESIA
Setia melayani Anda
INDONESIA MERDEKA

4万ルピアもしたのにすぐ切れたテレカ←

友だちいっぱいできるかな

世界で3本の指に入るくらいバリ人は友だちが多い人種！と感じるのは私たちだけ？

「ワタシ、アメリカ人ノトモダチイマス」「今カラ、トモダチ」「トモダチプライス」…おまえらいったい何百人友だちがおるんじゃ！と思わずツッコムほど街中でよく耳にするコトバ。フツーならウソツキか見栄っ張りなんだけど、相手はバリ人、まんざらウソじゃない。誰にでも気さくに話しかける人なつっこさと、大のおしゃべり好きな彼らのペースにハマって観光客はどんどんトモダチ第○号になってしまう。私たちも行く先々で、彼らからトモダチ攻撃をいっぱい受けた。

軽いノリから始まる友だちだけど大事に育ててゆけば親友になる可能性もある。ここではイイ意味でもワルイ意味でも友だちはバグースなのだ。とりあえず帰国したら手紙でも書いてみようかな。

名刺いっぱい

日本じゃ名刺交換はビジネス目的だけど、バリでは友だちを作るために気軽に名刺交換する。

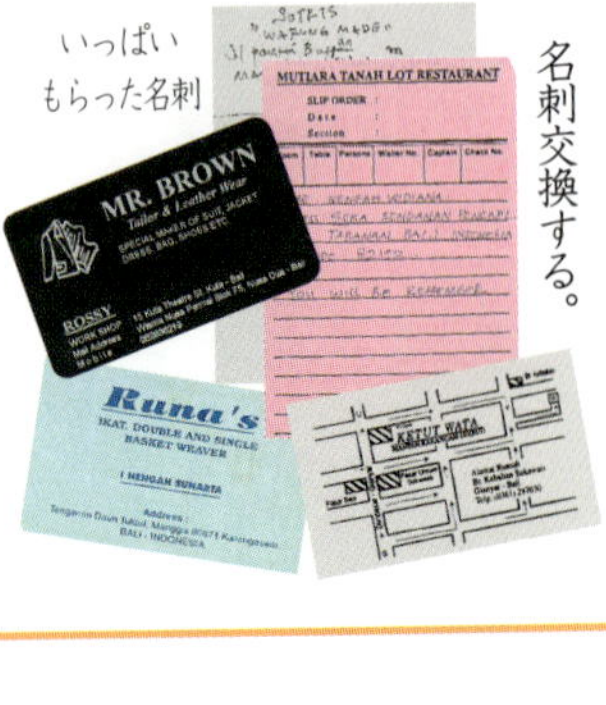

いっぱいもらった名刺

バリ式友だちの作り方

友だちは、文通で作るのがステータス！さあ、ペンを持とう！

行動＼職種	パンピー	従業員	物売り・白タク
出逢い	●ベモ どこ行くの？一緒に行こう！ ●学校 日本のことについて教えて	●レストラン ご注文は？ ●ホテル おはよ♡	●道ばた トランスポー？ サローンヤスイ♡
決めゼリフ	出逢ったときから意気投合 「今からトモダチ」	帰る頃になって 「トモダチになって下さい」	一方的に 「トモダチプライス！」「ワタシタチトモダチ！」
アプローチ	連絡先を渡す 自宅の住所 英語OR日本語で文通を申し込む	連絡先を渡す 勤務先の住所 英語で文通を申し込む	トモダチのトモダチ… ねずみ講!?
結果	相手が筆まめなら成功率高し！ せっせっせっせ 日本語なら…	かなり挫折 スペルわかんない	はたして本当にトモダチなのか？ ?
	文通成功率 70%	文通成功率 10%	トモダチゲット率 100%

ウハウハ、これぞ大あたりリスト

この章でご紹介した大あたりスポットの最新情報です。
興味のある方はバリへ行ったときにお立ち寄り下さい。
もし、移転してたりつぶれてたらごめんなさいね（笑）。

SANNO DENPASAR HOTEL BALI (P120〜123)

Jl.Hayam.Wuruk No.200
P.O.Box 3043 Denpasar－Bali
Phone　(0361) 238185
FAX　(0361) 238186
Telex　35621　SANNOIA
★宿泊費をかけたくない…でも旅をリッチに楽しみたいというアナタにおすすめ！

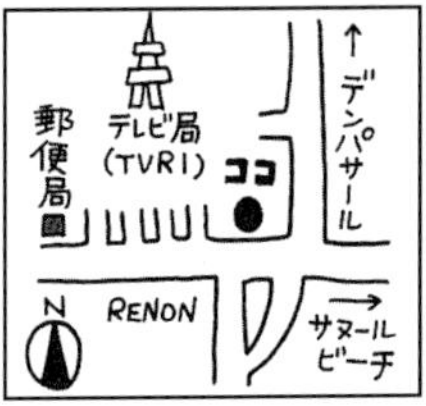

TAMAN FESTIVAL BALI (P124〜127)

Jl.Pantai Padang Galak－Sanur Bali
Phone (62) (361) 286131,28921
FAX　(62) (361) 285422
E-mail　festival@indosat.net.id

★入場料は1名につき5万ルピアと割高だけど、時間を気にせず、1日中たっぷり遊べます

1流品サロンが安く買える店 (P139)

■シーダマン村（目次）の雑貨店　私たちは連れていかれただけなので詳細不明（笑）

■BATIK “gandy”（傷ありサロン）
Jl.By Pass I Gusti Ngurah Rail
No.146 Sanur　Bali
Phone　(0361) 289541
FAX　(0361) 225430

Part 5

サロン♡
サローン♡
←サロンおばさんに
囲まれるオージー

体あたり…時々ヤツあたり

バキャッ!!
ある意味被害者
ミルダケー
タカクナー…
はうっ
私ら腹へって
イライラしてんだ
うるさーい
あっちいけー!
ある意味加害者

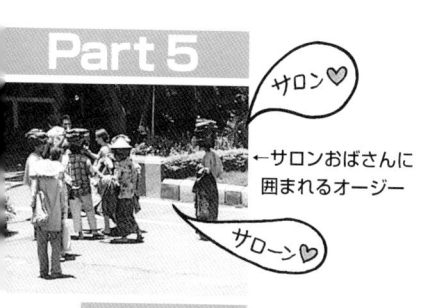

戦う日本人

「ミルダケ」「1000円ネ」「ヤスイヤスイ」
来たぞ来たぞこの呼び込み！さあ戦うぞ！

ゴアラワ寺院で

物売りに囲まれて立往生。
ここはサファリパークかー!?
わー
ゲゲッ
分給1000円の仕事するなー
サロンヤスイー
その4色ボールペンくれー
くれくれー何かくれー
1000円ヤスーイ
1コ1000円
1000円くれー
これはタダであげるよー
← 悪質商法
私、ビンボウ
こう言えば同情してもらえると思ってる

↑コウモリを神様の使いとしてまつる寺。神様が多すぎ～

怒った、キレた、ケンカした。私たちだって好きでキレてるんじゃないけど、ぼったくりを通りこした悪質商法で観光客をだましてやろうという、そのコウモリ以上のあさましい根性が許せなかっただけ。日本人観光客の大半はだまされても泣き寝入りというから、彼らにとっては好都合だ。

私たちが怒り出すとビックリした物売りもいたけど、怒りの行動こそが彼らに意志を伝える表現手段だから時にはきっちり戦おう！

ザ・悪質商法

女の戦い
男より女の商人のほうが下心がない分、仕事に徹する
タダでマニキュアぬってあげるね♡
あ、そ？
さっ
花も描くよ
数分後…
12万ルピア払え！
女の子はタダだっていいました——っ
ギャーギャー
ギャー
ギャー
ぬりはタダでも花は12万ルピアするんだよ
あたしはボスだよ
ガタガタ言わず金出しな
ボスが何さ!! けっ
おそろいのTシャツを着た団体には気をつけよう！
仲裁したいけど近よれないおじさん
オロオロ
火に油を注ぐだけ
私はボス
新米
私はケチ

→大ゲンカの末、代金は払わず逃げた（笑）。ウソをついた方が悪いのだ！

キンタマーニのウソつき商法
①
ヤスイヤスイネー
ふーんそれいくら？
本物
②
アリガト♡これ10万ルピアね
ゲッ いらないよ
ニセモノにすりかえる
③
値段聞いたのになぜ買わない！
ニセモノ売るなバカ
金払え！
ざけんなコラ
ガッ

→声をかけられても、値段を聞かない・立ち止まらない方が無難！

かけひき

観光客イコール金持ちという図式が成り立っている物売りにとって、値段交渉のかけひきはまさに正念場。少しでも多くお金が欲しいから3倍以上する外国人単価をふっかけて平気でぼってくる。相手がどんな方法でぼってくるか腹の探りあい。買った後で、もっと安く値切れたかも…と考えたり、相場を知らない観光客は慣れないとかけひきのサジ加減がけっこう難しいけど、日本じゃなかなか体験できないから超楽しい!

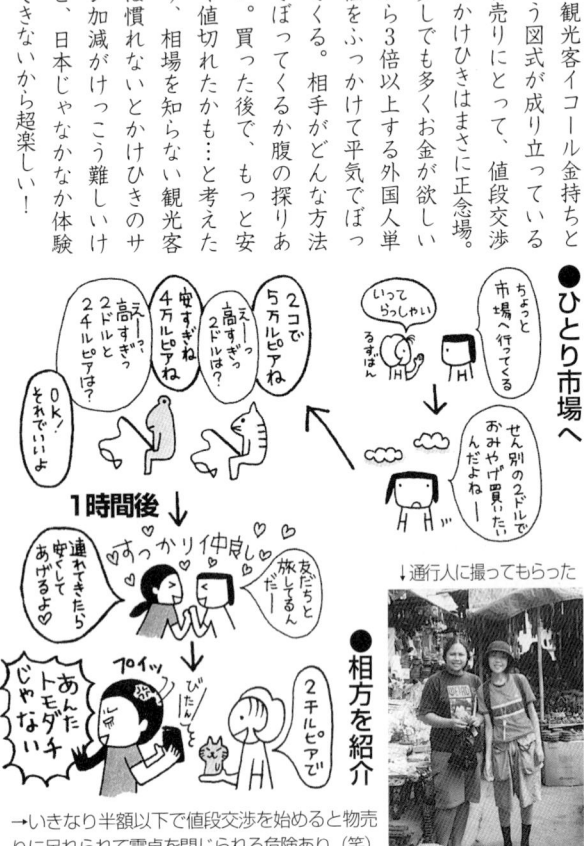

●ひとり市場へ

ちょっと市場へ行ってくる
いってらっしゃい
るすばん
せん別の2ドルでおみやげ買いたいんだよねー
2コで5万ルピアね
えーっ高すぎっ2ドルは?
安すぎね4万ルピアね
えーっ、高すぎっ2ドルと2チルピアは?
OK! それでいいよ

1時間後
すっかり仲良し
友だちと旅してるんだー
連れてきたら安くしてあげるよ♡
2チルピアで
びたん
プイッ
あんたトモダチじゃない

→いきなり半額以下で値段交渉を始めると物売りに呆れられて電卓を閉じられる危険あり(笑)

●相方を紹介

↓通行人に撮ってもらった

ずら――っ
ロビナビーチ
物売りのすきまから海
日本人
物売り
見物人
ハイハイ、わかったから向こう行ってくれる？ 人のはなし聞いてる？
コレあげるから前をどいてくれる？海が見たいの…
いらないの？別にいいけど♡
物売り
?
BALI
CANDY
物売り
見物人
ワイロ
見物人

日本人が珍しいだけなのか？悪気がないだけに困った…

→興味がなければはっきり「NO！」と言おう。むやみに品物を手に取ると、物売りのペースにハマって買わざるを得ない状況になってしまいます

正しい「とんずら」のススメ
①
トパディ村でー
買うバティックは決まった？
うん！精算してこよう！
②
ちょっと待ったあ！
店員
チーパー価格にしてやるから
チップ1000円よこしな
ゲッ
③
わかったわ♡ 売り物のバティックの間にチップをはさんどくから安くしてきて♡
キラキラ
汚れのない瞳
ゲッ、キモワルッ
④
あっ ない!?
サギ ドロボー
ぴゅー
さいなら～
すばやい行動

→観光客に請求するチップは単なるお小遣い。高額なチップを請求されても払わなくて大丈夫！チップ代わりになるものがあればそれを渡せばOK

じゃらんじゃらんの旅

接客
3大用語
日本人とみると否や
ミルダケ
ヤスイ
タカクナイ
じりじり
これ聞くと見る気もうせる
次、行こ次

バグース!
バグース!
↑バティック物色中〜

↑市場のお姉さんと

案内料
チップ一万ルピアか「日本のオミヤゲ」をよこせと言われ…
ぎゅっ
がまんしろ
お気に入りが〜
オホホ
日本のオミヤゲいただきね!

↑バリでは牛は神様の使い。牛乳石鹸ラベルのバレッタは里子に（涙）

定番日本語
アッナンカ落チタヨ
イヒヒ
ひっかけるのは日本人だけ?
足跡でしょっ!
ホメ殺し
下心見えみえ
アナタカワイイキレイネ
←おばちゃんに多い
オイオイ
アリガトーモット言ッテ
アナタモキレイー

↑超明るいジャムーおばさん一家

物影から張り込んでいる
先こされたわっ
ストーカー
ぴったりマークしてくる
ついてくんなーっ
買って！
びゅーっ

←同じポーズで悩むオージー

←金物屋さん。生活雑貨が中心

音攻撃
観光客が前を通ると…
カンカン
気をひこうとしている
カンコン
キーコン
カカン
私らは犬かっ
ふりむくもんかっ

→花屋さん

おっ珍しい

関西弁
断ると…
ダンス？ダンス？
ナンデヤネン？
ムカッ
誰が教えたんだー

POINT 値切り方の基本

①欲しい品物だけを凝視しない。あちこち触るのもテ

②値段交渉はとりあえず半額からスタートしてみる

③相手がこちらの要求に応じなければ帰る

私たちの顔を見てあのテこのテでぼってくる物売り。観光客からちょっとでも多くもらいたいからなんだけど、私たちだって負けない。

観光客の買い物でよく見かけたのは、電卓を片手に、ルピアを日本円に換算してこれなら安いから買おう、という買い方。でも、そんな買い方をしたらせっかくバリまで来たのに何のための値段交渉かわからないし、意味がないと思う。やっぱりバリの通貨ルピアで品物が高いか安いかを判断するべきだし、そこに買い物の醍醐味があると思う。

商品に値札がついてないとついつい不安になるけれど、買いたくなかったら買わなければいい。思うように値段が下がらなかったらやめてしまえばいい。

「買わないと悪いかも…」なんて相手に気兼ねすることはないんだし、まずは値切ることを楽しむことが大切。場数をこなして値切ってみよう！オリジナルの裏ワザをあみだせるようになれば、もう達人！

楽しい裏ワザ

●ちまちま作戦

1万9千ルピア
1万9千2百ルピア
1万9千4百ルピア
1万9千6百ルピア
1万9千7百ルピア
1万9千8百ルピア
3万ルピア
…OK
※ちまちま値上げしよう

●人情作戦

バリの思い出に買ってくんだよー
もう来れないかもよー
それでもいーの？
くどくどくど……
え～
※情につけこもう

●トモダチ作戦

わーい まけてくれた
トモダチのトモダチはトモダチでしょー まけてよー
うっ
BATIK
※相互扶助精神をくすぐらせよう

We are トモダチ! ビンボープライス♡
トモダチ トモダーチ♡
ポンポン!
えっ
ポンポン!
電卓キープ
※両脇からはさみこもう!

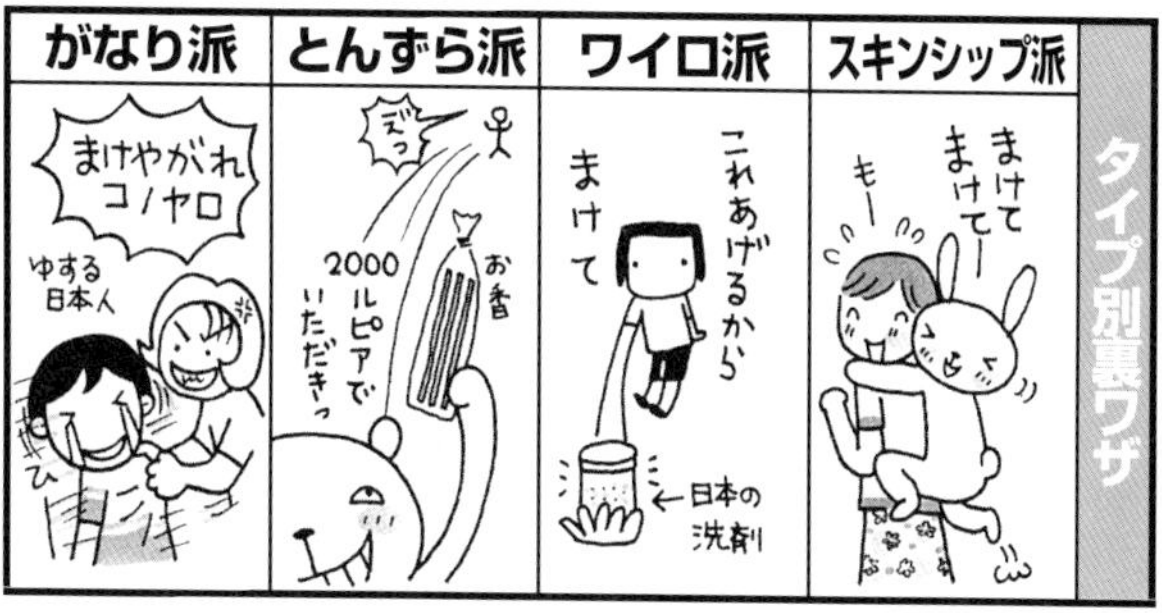
タイプ別裏ワザ
がなり派
まけやがれ コノヤロ
ゆする日本人
とんずら派
えっ
2000ルピアでいただきっ
お香
ワイロ派
これあげるから まけて
←日本の洗剤
スキンシップ派
まけて まけてー
もー

スバラシイ宿

スバラシすぎる…こんなヘボ宿見たことない。今に地獄に落ちるぜベイベー！

間取り図

マンディルーム
部屋
窓
窓
カフェテラス

部屋の窓にも、マンディルームの窓にもガラスなし

ドア

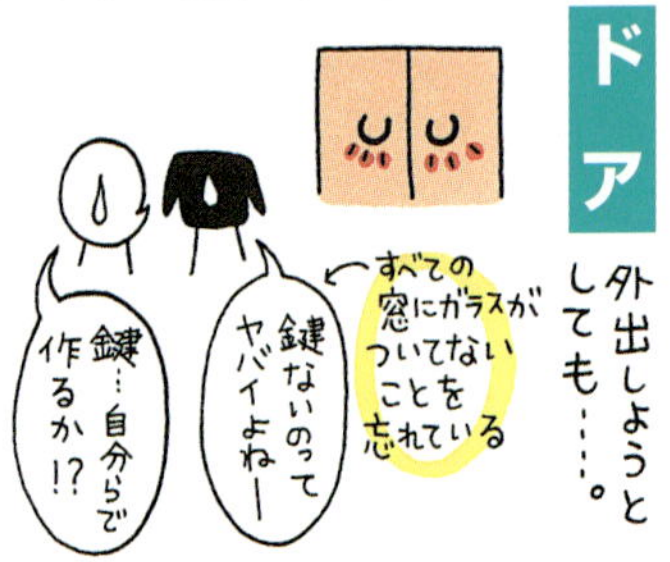
外出しようとしても…。
すべての窓にガラスがついてないことを忘れている
鍵ないのってヤバイよねー
鍵…自分で作るか!?

歓迎

部屋に入るなり虫の大群が…。
ぎゃん
ずーーんっ
がささー
はっ
ぶーんっ
ぴと
か
ぺっ
ぶーんっ
ぶーんっ
しゃべれば口の中に、息すれば鼻の穴に、どこにでも虫が入りこむ。

まさかこんな歓迎を受けるなんて思わなかった。部屋の鍵がないドア。ガラスがはまってない窓。ベッドシーツは虫の卵だらけでゴキブリつき。そして、宿のおかみはイジワルだった。

　私たちはたまたまシーダマン村で葬式（！）があると聞いたから泊まりに来たのに〜。おかみに宿はこの村でココしかないと冷たく言い放たれ、野宿かヘボ宿かのどちらかを選択するハメに…。私たちの喜びはつかのまで終わった。悪夢だ。

ベッド
ゴッキー休ケイ所
カチーン
フン
卵
My タオル
虫の卵養成まくら
大きなベッドに小さく固まって座るのがコツ
マンディルーム
ぶーん
ハエ・蚊・トッケーゴキブリ出入口
ぶーんっ
ぶーんっ
ぼうふら生産工場
ハエ・蚊の死がいがべっとり
ぽとっ
お子ちゃまゴッキー
がさささ
カフェテラス
ここが一番安全だ
気休めで虫を殺すハンター
じゅー
じゅー
じゅー
眼は虫の動き手は虫を払うハンター
うきー ムカつくー
ぶん
ぶちっ
ぶん
野犬に食われてもいいから
部屋に入りたくな〜い
ワオオーン
ワウウーン
がめルルン
ホーホー
トッケートッケー

セキュリティBOX（らしい）。鍵のない部屋にあっても意味がない…

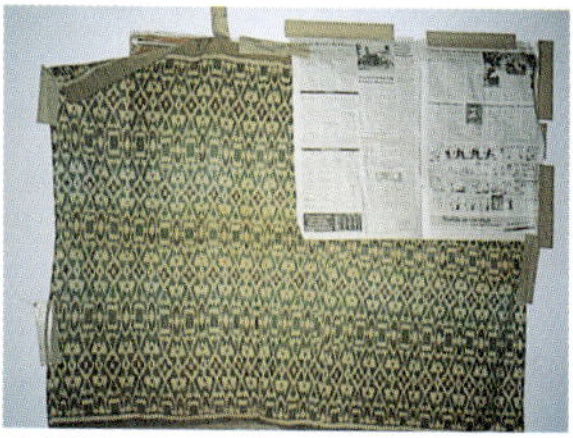

虫侵入防止のめばり。よく考えたら部屋の虫を追い出すための窓でもあった

どこでも！トッケー

PM9:00
決心
そろそろ部屋に戻ろうか
あんまし入りたくないけどね
PM9:05
就寝
くそー寝られないよ
外でたーい
PM9:10
現実逃避
ガタ
バタバタッ
気ばらしに本でも…洋書があるぞ
何？
PM10:03
出逢い再び
シャシャ
うっきーやっぱりいる
あらん
キライなんか発見する
PM10:10
ガサ入れ2
あっいたぞ
トッケーは人に危害加えないけどね
そーだけど何とかして
ゲッやばっ
レスキュー隊パート2
PM10:15
退治
ぐりぐり
ぶし
棒でさしちゃえ
ゲッ
うえっ
くまくまのおみやげのシナモン
こらーもってくな
アハアハ
アハ
めでたしめでたし
GAMEOVER

バリといえばトッケー。

トッケーといえばバリ。

トッケーとは熱帯気候に生息している大トカゲの一種。バリでは犬やニワトリと同じくらいポピュラーな生き物なのだ。トッケーの鳴き声を奇数回聞くと幸運が訪れるというゲームまであり、中には一目でもその姿を見ようという人もいるとかいないとか。

私たちは毎晩、トッケーの鳴き声を聞きながら寝た、昼寝するときもよく聞いた。

しかし、無害だのノープ

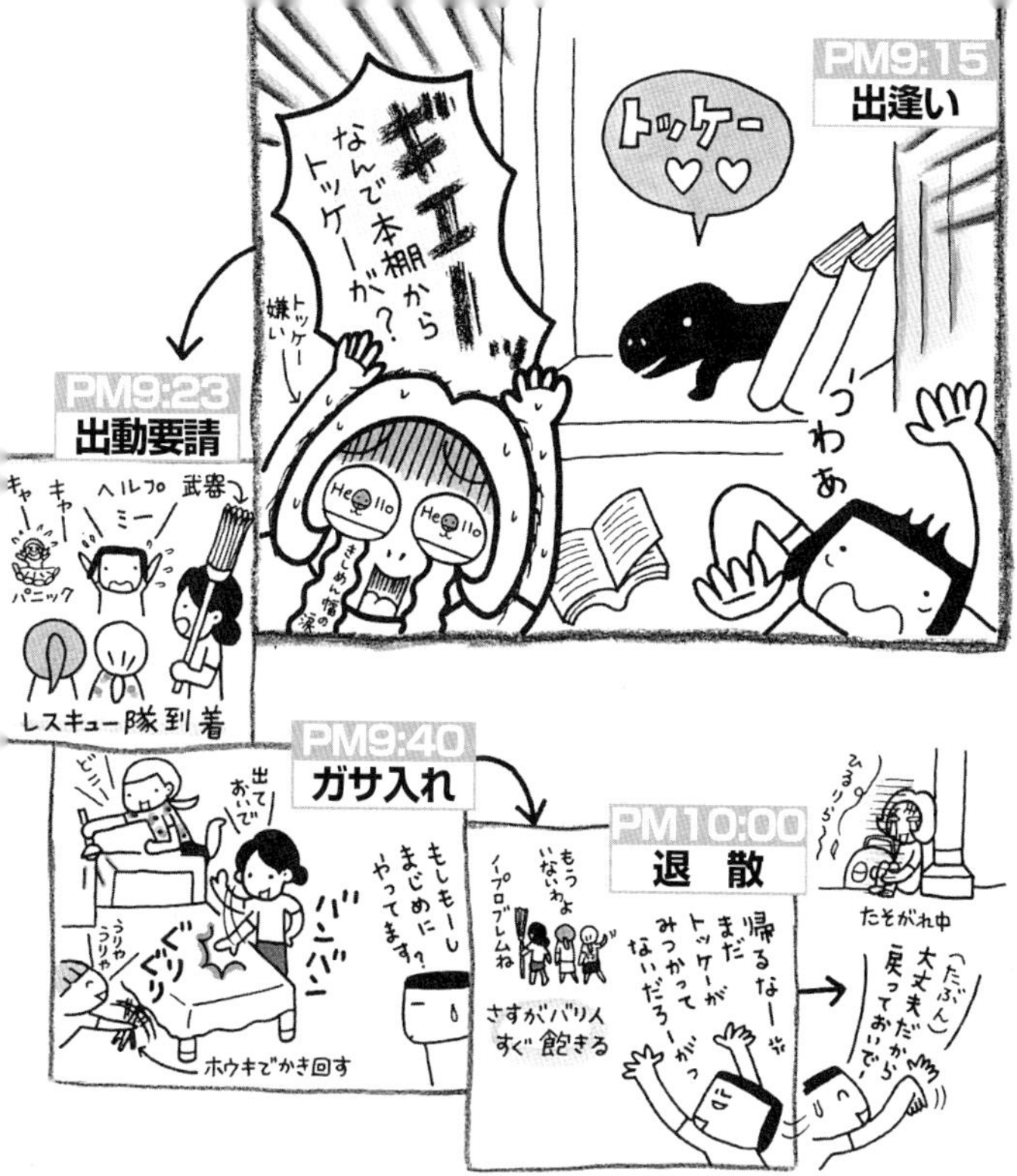

ロブレムだのいわれても、あの黒々としたデッカイ姿を目にすると「キャーカワイイ♡」頬ずりスリスリッなんて気になれない。しかも不意をつかれたときゃ「キャー♡」どころか「ギョエー」だよあんた。

バリの少女たちも、トッケーの姿を見たとたん「いやーっトッケーよお!」「誰か退治してえ!」と大騒ぎしていたので、バリ人の誰もがトッケー好きとは限らないと肌身で学んだ夜だった。くわばらくわばら。

朝が来た。怒りと興奮と疲労がピークに達していた。とうとう一睡もできなかった私たちは、荷造りしながら長い夜を過ごした。安宿なら私たちはガマンできた。何が出てきてもガマンできた。

　でも、私たちが許せなかったのはおかみのゴーヨクさ。おかみの本業はサヌールにあるリゾートホテルのオーナー。そのため、自宅の一部を改造した宿は単なる副業でしかなく、チェックインの手続きにも私たちを1時間以上も平然と待たせたり、全然ヤル気がない態度。おまけに宿代はこの旅の中で最高額の30ドル。その上ディスカウントはおろか現金以外は受けつけない。葬式を見たい一心の私たちはしかたなく宿代を払ったけど札束を見たとたん、おかみはいそいそとテーブルクロスを直し始め「この辺は祭りがいっぱいあるからゆっくり泊まっていけばいいわ」。

　札束しか信用しない心の貧しさと、人を人と思わないゴーマンで横暴な態度に、私たちはついにキレた。もうこのまま引き下がれない！

前払いした2泊分の宿泊料のうち1泊分を返してとクレームをつけたら…
あのおばちゃん 60万ルピアのうちの 2500ルピアしか 返さないよー
ぇー 困るよー
ぶちっ

あのばばあ〜〜
どこまでゴーヨク
なんだ〜〜
わ
ちょっと待って
ぶんっ
凶器
般若
ぶんっ
パステカ
なんとかしんよー
マジギレ。
キョーハク
私のお客さん怒ってる!!
お金返さないと日本中の
新聞ガイドブックに悪口を
書いて客来なく
なるね!
えっ
手ぶらだと怒られるので必死
We Win!!
くそー
よかったねー
全額返金♡

ゴーヨクばばあの殺し方
ムカついて考えた仕返し。全部やった。
1 スラングを吐きまくる
ばーか
ばか
ばかっ
死ね
ゴーヨクばばあ
地獄に
落ちろ
↑日本語
脳みそ
かち割るぞ
ビチグソ
ばばあ
2 シミュレーションしまくる
刺殺
ぶすっ
射殺
BAAAAAAN
爆破
家ごと
毒殺
げっ
あーして
こーして
フフフ…
イっちゃってる…
3 モノに当たりまくる
うおりゃ!
逃げよ
4 汚しまくる
くちゅ
くちゅ
ぺっ
野グソ
してくるっ
※ここはコテージです
5 ほえまくる
バカヤローー
日本に
帰りてー

持ち家走る？

↑ウォンテッド マディ〜

観光客を相手に営業する白タクは多い。料金をぼるイメージが強い白タクだけど、親切な人との出逢いもある。
　マディとの出逢いは数年前のダンス観賞後の夜道で「トランスポー?」と声をかけられて始まった。彼は、白タクの中に住むヤドカリ。その日暮らしなので観光客のチップは重要な生活費（笑）。でも時間厳守人間で超律儀。「君たち観光客はお金を持ってるんだから悪人には気をつけるんだよ！」と本気で心配してくれた。仲良くなったのに住所がないので手紙が出せず、再び訪れたときには街並みの変化でいなくなっていた。私たち、マディを探してます〜。

料金交渉のツボ
1 まずは英語で交渉
チーパ
チーパ
テンサウザンルピア
10000
2 無言で電卓を出す
…
いきなり半額（笑）
5000
3 らちがあかないと日本語でがなる
4000ルピアでい！
↑しかも値引されている
オラオラまけやがれ
↑カワイソウ

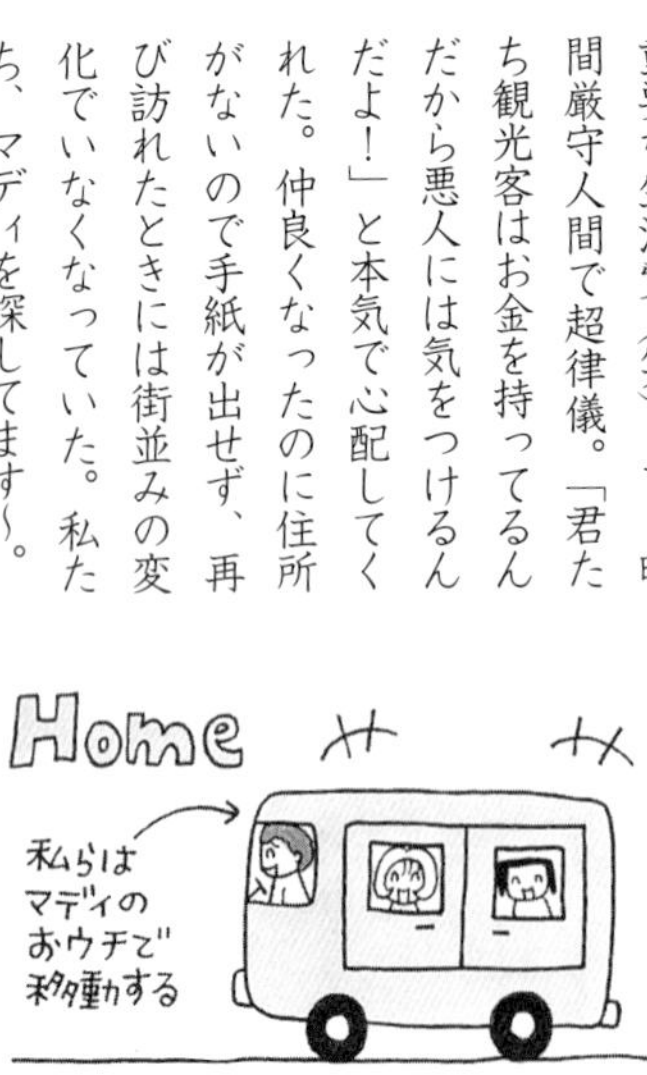
Home
私らはマディのおウチで移動する

ぼりぼり白タク

●方向オンチ

通行人
??
さー
××ホテル知ってる?
早く戻ってこーい
メーターたおしドライバー

●ワイロバス

君たちどこまで行くの?
あっ空港?
ところでオレに1000ルピアくれたらバスチャーター代5万ルピアをまけてやるぜ!
JAPAN円最高ね♡
ホテルの送迎バスドライバー
前見ろっ
やとわれててもぼるのか

●営業トーク

びゅんっ
タクシー
タクシー
タクシー
↖ちょっと声かけただけ↗
猛スピードなのにどうやって止まる気だ?
チーパー
コンニチハ!タクシー?3万ルピア?
オージー
Hello! トランスポー? 5万ルピアで OK?
コンニチハ!タクシー?イチマンエーン
日本人カップル
人種によって切換スイッチ入る
カチ
カチ
カチ

→兼業雑貨店。軒先にガソリンがずらりと並ぶ

→じょうごでガソリン給油。実に庶民的な光景

POINT 白タクの基本の乗り方

①乗る前に目的地と値段交渉をする。要求に合わなければ別の車に移動（メーターを使えば別）
②往復送迎の場合、料金を先払いしない

待ったぁ?
ハーイ♡
忠犬

ベモに乗ろう

庶民の足、ベモ。現地の人はほんの500m先へ行くにもベモに乗る。乗り慣れてくるとこんなに楽しくて便利な乗り物はない！さあ、ベモに乗ってでかけよう！

Q ベモって何？

A 乗り合い路線タクシーのこと。つまりバスのように経由先は決まっているけど、決まった停留所はなく客の目的地で降ろしてくれる。

乗客の
目的地によって
道を変えるので
あらかじめ
自分の目的地を
ドライバーに言って
おけば 確実に
目的地に行けるよ
乗客に伝えとくのもテだよ

POINT ルート別 ベモの基本の見分け方

ベモはルートによって車体の色を分けてあるので、目的地別によって乗りわけよう！

ウブドからデンパサールへ行こう

①ウブド～バドゥブラン間を走る茶色のベモに乗る

②バドゥブラン～デンパサール間を走る黄色のベモに乗る

③デンパサール市内を走る周回ベモに乗る

Q どこで乗れるの？

走ってる姿をよく見かけるけど乗り場所がわからない

A

以下の3つの場所からベモに乗ることができる。

①ベモターミナル

TERMINAL BATUBULAN

↑日本でいうところのインター。各ベモの運転席上に目的地が書かれたプレートが掲げてあるので、初心者にも分かりやすい。写真はバドゥブラン村のベモターミナル

②ベモコーナー

ワルンの前という
場合も多い
キキーッ

日本でいうところのバス停留所。街や村の中にあって、みんな並んで待っている。たとえばスカワティ村はパサールから少し離れた場所にあった

③運転手と目が合ったその場所で

おっ、乗る？・待ってるよ♥
おっ、乗れる？・今、行くわ♥

乗りたいときが乗れる場所。ガイドブックでは手をななめ下に出せば止まる合図と書いてあるけど、運転手と目が合えば止まってくれる

Q ベモ車内って…？

車内の様子ってどんなカンジなの？乗るコツは？

A

ひと昔前に流行った日本製の車が多く、中には廃車寸前の車を改造してるのもある。満車になるまで発車しないので、乗客は仲良くスシづめ状態で乗る。

ぎゅー
ぎゅー
もっと乗れー！いっぱい乗せたほうがもうかるもんねー♡

ぎえぇー
空気イス状態だよ
誰か落ちろ〜
落ちるよー
ヒー
あと3人は乗れるぞー
人間ドアな助手
ドライバーボロもうけの図

蛇足

ベモで稼ぐ人々

●客引き屋

ヤマモトー
ヤマモトー
ヤマモト
こっちよー
日本人は「ヤマモト」しかいないと思ってる

バドゥブラン村のベモターミナルには目的地のベモへ誘導してくれる案内役がいる。

●ベモ運転手の助手

バックオーライ
へ？2人乗りたいの？いいよ

乗客を押し込めたり、ドライバーの誘導、料金の集金などをする縁の下の力持ち的存在。

またドライバーによって
車内の雰囲気が決まる

●カラオケカー

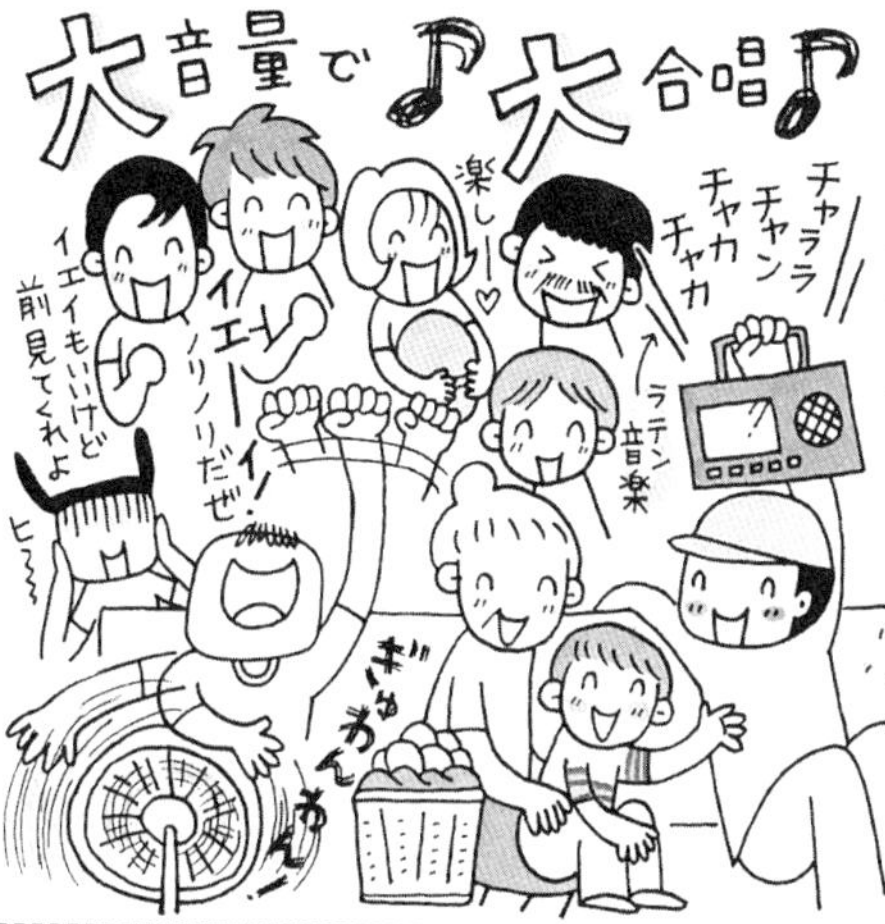

●哀愁カー

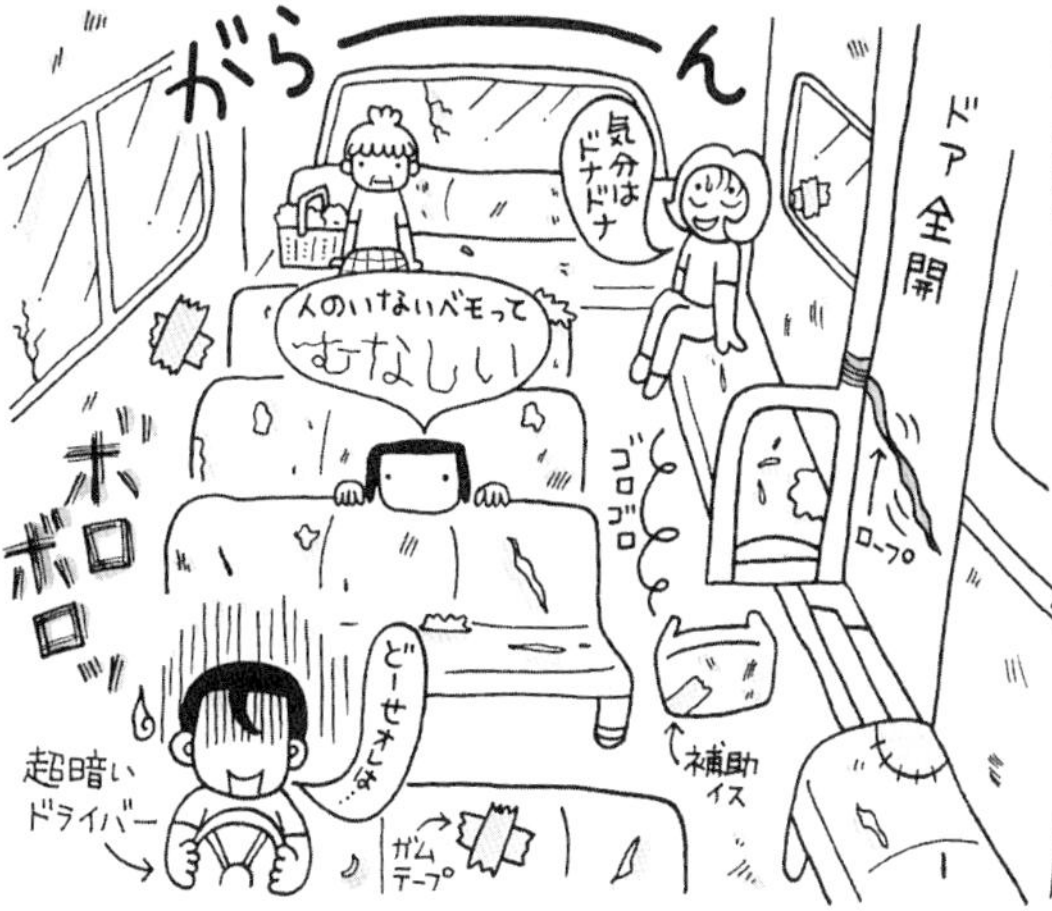

Q 料金はいくら?

ベモの料金はいくら? 相場がよくわからない…

A

車内にメーターはなく、初乗り料金や走行距離に合わせた具体的な料金表示はない。たとえば、ウブドからバドゥブラン村までのベモの相場をホテルマンに聞いたら「5千ルピアくらい」乗客に聞けば「2千5百ルピアくらい」。実際に払ってみると「1千5百ルピア」でも大丈夫だった。ただしある程度の相場はある。現地の人々は初乗り2〜3kmで5百ルピアくらい払っていたので周囲の状況を見ながら払うのがいいかも。

ちなみにデンパサール市内を周回する市内ベモだけはどこから乗り降りしても料金は一律1千ルピアだ。

料金の支払い方
目的地に着いたら外に出てドライバーに現金を渡す

POINT

ぼられないコツ

バリでは正規タクシードライバーもぼってくる。当然、ベモドライバーにだってぼりぼりおやじは存在するのだ。以下のことに気を付ければたぶん大丈夫。

●無人ベモに乗らない

くるっ
いらっしゃ〜い♡ 君たちの行きたい所ならどこへでも走っちゃうよ〜ん
乗り込んだ途端に白タクに変身かいっ

Q　運命的な出逢いってあるの？

物売りでもジゴロでもない普通の人と出逢いたい

A

ベモの中は出逢いのきっかけ作りが意外にカンタン！ベモを利用するのはほとんどが現地の人なので、質問すれば観光客に親切に教えてくれる。ベモの行き先や乗り継ぎ方、途中下車する場合は今どのあたりを走っているのか、料金はいくらなのか？などいろいろ質問して仲良くなろう。

スラマッパギ
〜に着いたら教えてね♡
ボクもそこに行くから一緒に降りよう

↑私たちにベモの乗り方を教えてくれた青年。トゥリマカシ〜！

●小銭を用意してぴったりの金額を出す

まいど♡
えっ
おつりは？全額あげたわけじゃないのよ
ムリだって
あきらめな

●マネをする

ストパッ
ストップと言っているらしいが、こう聞こえる
降りるときはああ言うのね
私らもマネて ストパッ

※貴重品を持って乗らないこと！

スクールへ行こう

街で制服を着た小学生を見かけた。バリの子どもは勉強が好きと聞いたけど、日本とどこが違うのか？と疑問を抱いた私たちはさっそく学校へ向かった。デンパサールにある私立中学校は、1日7時間まで授業があり、平均72点以上取れないと落第する。義務教育が定着したのもごく最近で、落第制度があるのはビックリ！生徒数も多く教室に入りきれないので、交替で授業を受ける。教科書もまだまだ高価で、宿題もたっぷり出る。好きだからというよりも一生懸命やらざるを得ない状態のもとで勉強してるのだ。しんどいのね〜。

宿題するのもタイヘン。
この問題は
イテッ
あそぼ
わー

幼稚園

小学生

中学生

大学生

ワイロ先生

ワイロの島・バリ。私たちの取材申し込みに先生たちの反応は・・・。

副校長
先生1
先生2

←私立中学校の職員室で

●小学校

はーーっ 取材？今忙しいんだよね
あっくれるの？ じゃあやりましょう！
校長
お前は白タクかっつーの
チップ

●中学校

日本の技術スバラシイです♡ 日本スキです♡ ・・・・・・ 友好のしるしに日本の人形を送って下さい♡
ペラペラ
副校長
絶対ヤダッ
質問50コしたら人形も50体か？

中学校の主な授業内容（13科目）

Ⓐ AGAMA（宗教）
Ⓑ PPKW（道徳）
Ⓒ MATAMNTIRA（数学）
Ⓓ IPS（民俗学）
Ⓔ IPA（地球環境学）
Ⓕ BHS INDNESIA（インドネシア語）
Ⓖ BHS INGGRIS（英語）
Ⓗ BHS DAERNAH（バリ語）
Ⓘ PENJASKES（体育）
Ⓙ MUATAN LOKAC（選択）
・TALI（舞踊）
・MELUKIS（美術）
・IRT（家庭科）
Ⓚ KERJINAN TAGAN DAN KESNIAN（技術科）
Ⓛ PIL BEBAS（自由時間）

日本語学校トホホ日記

観光地はもちろん、田舎でも都会でも、バリのどこへ行っても日本語の普及率は高い。それも片言ではなく日常会話として日本語を話せるバリ人が、英語と匹敵するくらい非常に多いのが私たちにはナゾだった。

　ある日、ロビナビーチのレストランで朝食中に日本語で話しかけてきた店主のおやじに「どこで日本語を覚えたの？」と聞いてみると「近所の日本語学校に通ったんだ」という答えが。こんなへんぴ（失礼！）な土地でこのレベルの高さ！生徒が優秀なのか先生の教え方がいいのか？

　学校で習った英語ですら身につかない私たちは、語学習得のワザを探りに行こー！てことでデンパサール市内の有名な日本語学校へ向かった。

　突然、授業にあらわれた日本人に、生徒たちの反応は？

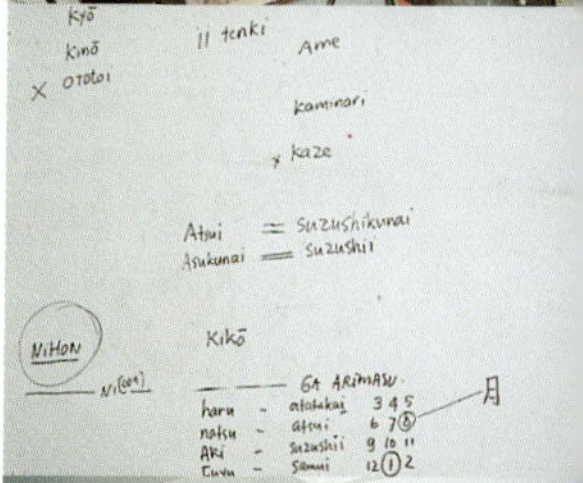

バリ日本語文化学院

日本語上達度　★★★★★

SEKOLAH ANUGERAH

パステカの母校。移転移転で限りなくヘンピな場所に移ってたけど、日本語学校マニアなパステカが太鼓判を押すだけあって先生の日本語レベルはかなり高い。改めて日本語を習うとムズかしかった（笑）。やっぱり実践で覚えた方が早いよね。

生徒たちと話す

日本語を習っている理由をたずねたら…

ガイドになるためです
しっかり！
あう…あう…
オロオロ
対照的な2人
に、に、に、に、日本に行きたいからですっっ
キンチョー
日本語は仕事に生かすためです
ハキハキ
日本人の友だちがいるからです
医者をしています
一番伸びそう
あなたたちの趣味は何ですか？
そっ
の
…必要にせまられて…
みなさん、いい機会ですからたくさん日本語を話して下さい
先生
こ…こんにちは
いろんな人がいるな～
やっぱ話さないと身につかないのね
トホホ

語学習得の早さは性格で決まる

バリ
日本語学校

日本語上達度　★

観光ガイド養成学校というだけあって、接客用語しか教えません。だけど、丁寧語・尊敬語・謙譲語を言えるようになる。ここの先生、日本語の理解度は低いけど「大和魂」だの「伝承文化」だのと古き良き日本の知識は異常に詳しかった。

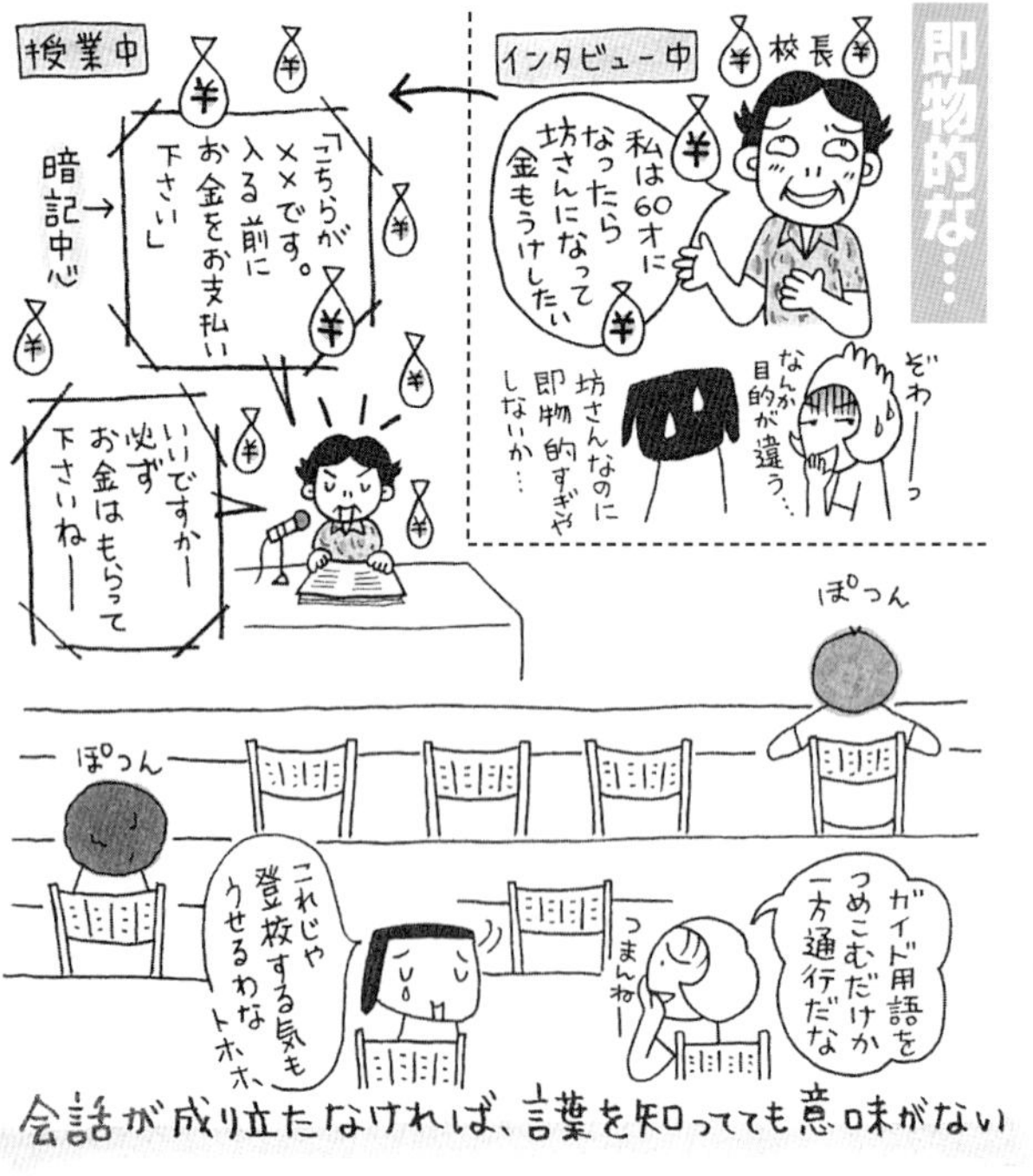
即物的な…
インタビュー中
校長
私は60才になったら坊さんになって金もうけしたい
ざわーーっ
なんか目的が違う…
坊さんなのに即物的すぎやしないか…
授業中
暗記中心→
「こちらが××です。入る前にお金をお支払い下さい」
いいですかー必ずお金はもらって下さいねーー
ぽつん
ぽつん
ガイド用語をつめこむだけか一方通行だな
つまんねー
これじゃ登校する気もうせるわな
トホホ
会話が成り立たなければ、言葉を知ってても意味がない

日本語学校 ILC

日本語上達度　★★★

この3校のなかで最ものんびりした和気あいあいな雰囲気。理解するまでには時間がかかりそうだけど楽しく学べること間違いなし。戦時中、日本兵と共に戦ったことから日本語ができるようになった先生は好印象。今度遊びにお伺いします～。

花
バリには四季がないので
初級クラスは日本の四季の
勉強から始める
せっかくなので春がテーマの歌をうたってもらいましょう
「花」にしてね
は～るの
うら～ら～の
す～み～だ～がわ～
歌詞ほどあてにならない文法はないのよね
トホホ
は～るの
うら～ら～の
ナンパ目的？
カワイイ♡
い一から歌えって
スキ♡
オゲンキデスカ？
日本人だー
なぜかバリ人以外の
男性も…
国際結婚カップル？
（どんな理由であれど）
目的を持って楽しく学ぶのが上達のヒケツ

バビグリンのナゾを追え!

バビグリンとはバリ料理としても有名な「子ブタの丸焼き」。ウワサを頼りに追跡!

疑問1 宿泊中のホテルの向かいの家に4~5日前から子ブタの鳴き声?

疑問2 金曜日の夕方から、子ブタの鳴き声がぴたりと聴こえなくなった

疑問3 土曜日の朝、向かいの家から煙モクモク発見!もしや調理中?

追跡中
うひゃひゃ
もく
もく
役立たず
スラマッパギ バビグリン??
(訳 おはよう それバビグリン!?)
あくまでもタダで食べたい私たち
ラッキー♡

ホテルから見えるおやじの家を探しあてバビグリンにありつこうと探索開始!

1時間後…↓

ところが近道がなく…
たしかこの辺だと思ったんだけどなー、がーんっ
家…消えた!?
すっかり迷子になった

バビグリンのウワサ1

毎週土曜日は精霊をまつる儀式のためにバビグリンが作られるらしい…

バビグリンのウワサ2

バリには畜殺《ちくさつ》許可(豚を殺す許可)がないんだってー

バビグリンのウワサ3

デンパサール市内の各パサールで観光的にやっているんだよ(ワヤン談)

追跡中

→目の前で子ブタがぐるぐる焼かれていたのに、このときは移動日だったのでホテルのチェックアウトとぶつかり、私たちは見ただけで終わった。くやしい！

バビグリンのウワサ4

ギャニャールでこぢんまりとやってるよ

（マリィ談）

バビグリンのウワサ5

どこの家庭でもバビグリンするわけじゃないんだってさ
チェーーーーッ

追跡中
日本人学校の生徒さん
明日の土曜日、うちでバビグリンするんですけど
ニコッ
よかったら来ませんかー？
行きたーーい！
行かせてくれっ
食わせてくれっ

またもやタダで食べれるチャンスが！しかし、この日は葬式に参加するスケジュールがすでに組まれており悲しくも断念。何でだ？

ひとりぼっちの1日

いつも一緒の旅も楽しいけれど、たまにはひとりの時間をもちたくなるもの。オレ様流サクレツな1日を超満喫♡

の場合

AM10:30
別行動に

また後でね

AM10:45
うっかり無人ベモに乗る。運転手のおやじといきなり大ゲンカ

なんで料金が一万ルピアなんだよ!
ぼりすぎだよ!
日本語がなりまくり
オレのベモの相場なんだよ!
バリ語がなりまくり

PM12:20
ティアラデワタの警備員にインドネシア語で道を尋ねてみる

その後ナンパ(笑)
あっ どこ行くの? 待ってー♡
さいなら〜

の場合

うん、3時に会おうね

AM11:30
デンパサールのターミナル着。すぐに市内ベモに乗りこむ

ベモ車内
てくてく
あっ
日本人?1人で乗ってるの??
どこの国?
日本人?フランス人?
なぜ、そーなる!

PM12:48
マタハリデパート着。大好きなプラスチック皿を物色中

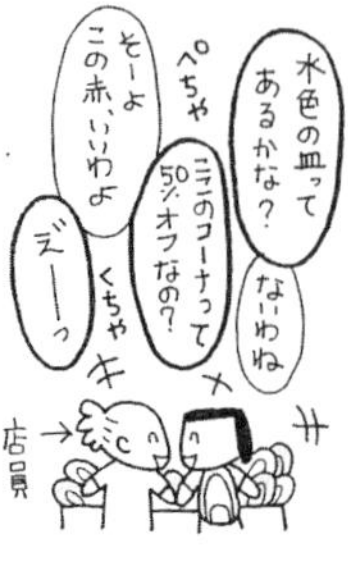

水色の皿ってあるかな?
ないわね
ここのコーナーって50%オフなの?
そーよ この赤、いいわよ
ペちゃ
ズーーっ
くちゃ
店員

PM1:30
バリハルデパートの近くでベモに拾われる

乗る?
乗るー!♡

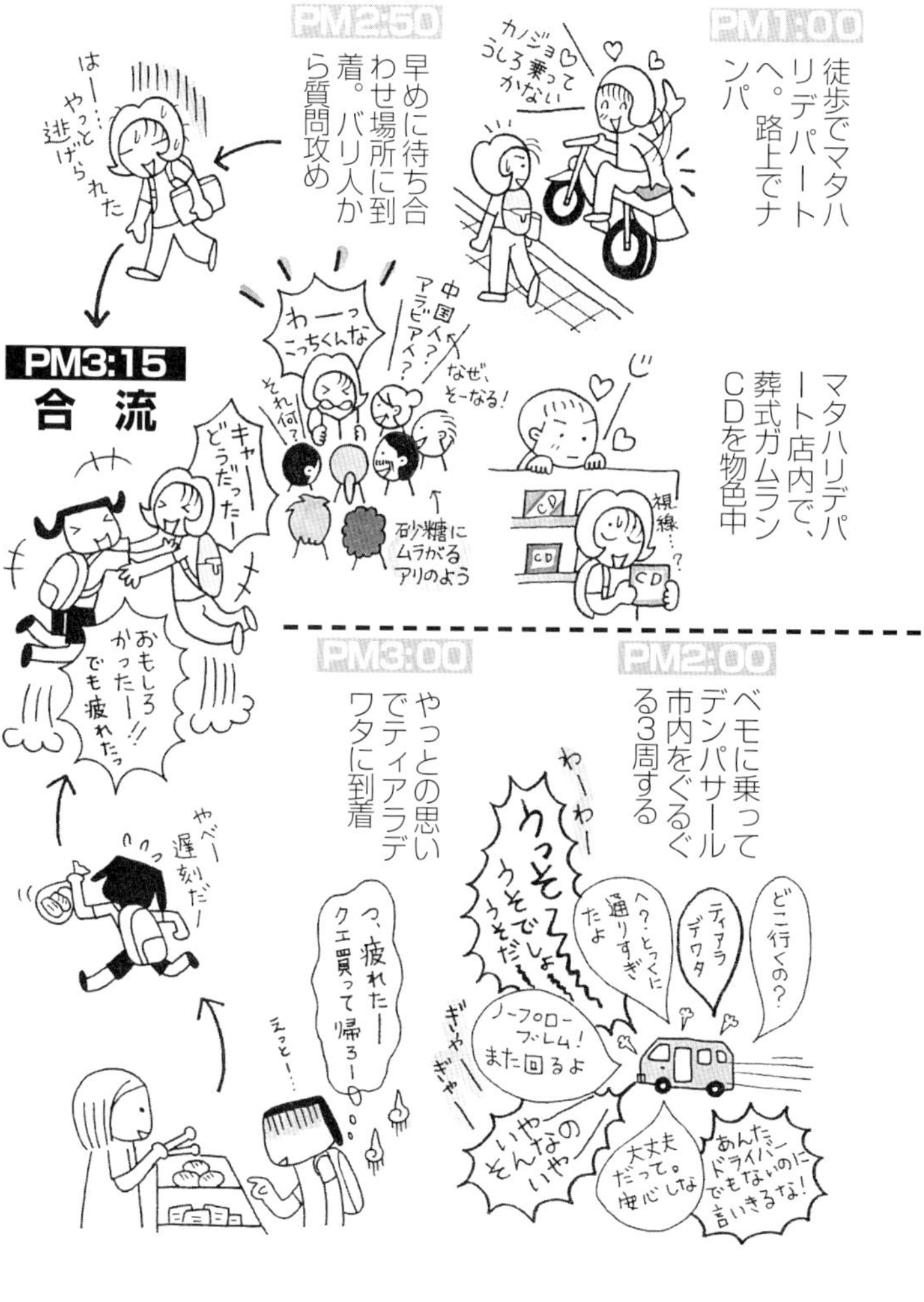
PM1:00
徒歩でマタハリデパートへ。路上でナンパ
カノジョうしろ乗ってかない
マタハリデパート店内で、葬式ガムランCDを物色中
じ
視線…?
CD
PM2:00
ベモに乗ってデンパサール市内をぐるぐる3周する
どこ行くの?
ティアラデワタ
へ?とっくに通りすぎたよ
わーわー
うっそ〜
うそでしょ〜
うそだ〜
ノープロブレム! また回るよ
ぎゃーぎゃー
いやそんなのいや
大丈夫だって。安心しな
あんたドライバーでもないのに言いきるな!
PM2:50
早めに待ち合わせ場所に到着。バリ人から質問攻め
わーっ こっちくんな
それ何?
中国イ?
アラビアイ?
なぜ、そーなる!
砂糖にムラがるアリのよう
はー…やっと逃げられた
PM3:00
やっとの思いでティアラデワタに到着
つ、疲れたー クエ買って帰ろー
えっと…
ヤベー遅刻だー
PM3:15
合流
キャーどうだったー
おもしろかったー!! でも疲れたっ

働く男を探せ！

いろ〜んなバリの男を見てきた私たちのハートを魅了したのが働く男たちの姿。観光客の視線など気にせず額に汗を浮かべ黙々と働き、時々はにかみながら私たちに笑顔をくれた。ダーリンたち〜、今日もお仕事ガンバッテ〜！

各村にガムランオーケストラがあり、40以上ある楽器の組み合わせも様々。

バリを訪れたら誰もが必ず音色を耳にする打楽器ガムラン。音そのものが神と信じられ、バリ舞踊や儀式には欠かせない重要な楽器。

HOW TO ガムラン製作工程

①用途に合わせ青銅を溶かし型に流し込む。ダンス用・葬式用と音程が違う

②カマドで高温で焼き、冷やす。使いこまれていて、歴史を感じさせる

③棒状のヤスリで手作業でていねいに磨く。根気がいる作業。装飾して完成

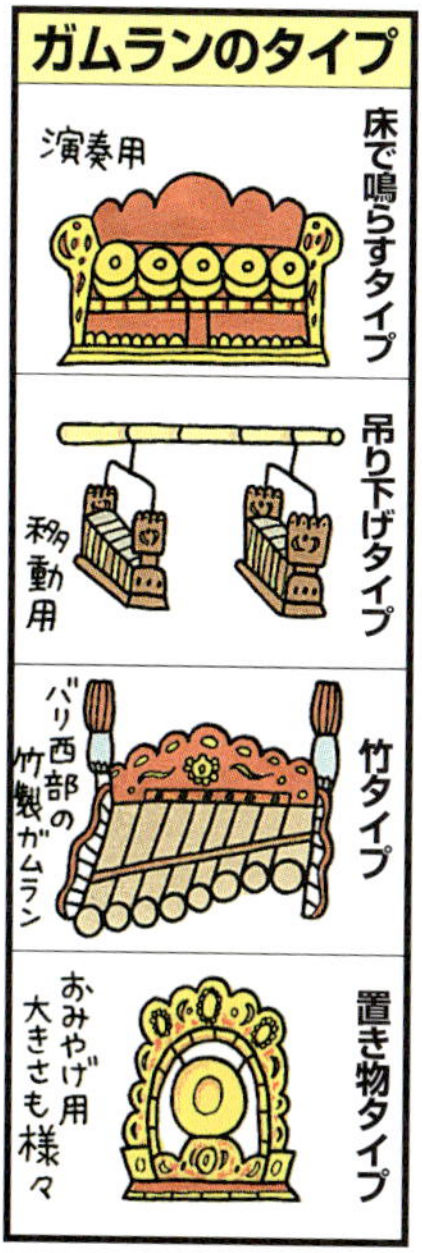
ガムランのタイプ
床で鳴らすタイプ
演奏用
吊り下げタイプ
移動用
竹タイプ
バリ西部の竹製ガムラン
置き物タイプ
おみやげ用
大きさも様々

ガムランの原型
ゴン
ヒマをもてあます
おしゃべり
ボナン
音を止めながら演奏
客にアイドル笑顔をふりまく
レヨン
サロン
グンデル

おみやげ用ガムラン、2万円也。日本でひと叩きしたら軽～く100棟の団地住人は集合できる音のデカさ

泣きおとし
ガムランは一度作ると100年もつ。何だかちっとも儲からない商売。
ガムラン買ってくれ～っ
ガムラン1個で米が買えるんだよ～っ
買っておくれよ～
おなかすいたよ
バブバブ～
そ～いわれても
困るよ～
ガムラン職人
大ビンボー家族

仕事ぶり

今日もチコクだー
客を迎えに行くんだけど道が混んでて進めねーや
出前持ちみたいな言い訳するガイド
お疲れさまでした
客の地図を私物化して道案内するガイド
わーっ持って帰るなっ
ホントにバイリンガルなガイド
イタリア語ペラペラ

観光ガイド

私たち観光客が現地でいちばんお世話になる観光ガイド。ここでは旅行代理店に正規に勤めているガイドの華麗なる世界をご紹介しま〜す。

中間マージン

ガイドが毎回決まった店に観光客を連れていくのはナゼ？

① 契約している店に客を連れていく

② 客が買い物した金額の10％を中間マージンとして店からもらう

BATIK
きたよー

買っちゃったー
わー!!
ハイ
エヘエヘ
ガイドの給料って安いんだよね

もちろん客は知らない
中間マージン目当てのガイドも多い。なんちゃってガイドでももらえるというから2度ビックリ！
ラッキー♡
ういた金でゴハン食べよ
えっ
チップ返すよ

他の地域⇒バリ

●ボナ村で

ハキ ハキ
ボク15才です。ジャワ島から来ました。仕事は楽しいです
エライッ！ エラすぎるぞ
カンドー
キラ キラ
キュッ キュッ
決して手はおろそかにならない

それいけ出稼ぎ

バリにいる人間には出稼ぎ労働者が多い。仕事を求めて他の島からやってくる者、海外に出ていく者などなど…。出稼ぎはたくましく強いのだ！

●ジャムー屋

オー
ガー
ヤケクソ
パチパチ
オリジナルでもウンコ色かいっ
ジャワから来たんだよ これ、ウチのオリジナルジャムー♡
パパもジャムー屋
ジャムーチャリンコ

バリ⇒他の地域＆海外

日本へ出稼ぎに行ったことがあるというマリィ君。意外なことにご近所さん同士だった。

ボクは水曜日にいつも××スーパーに行ってたよ！
あたしもー♡ 次の日、定休日だから半額商品ばっかなんだよねー
A通りって知ってる？
知ってるー♡
試供品いっぱいくれるんだよねー
ビンボーのツボも同じだった2人
何の話？
さて？
はて？

→目次A5　Kuma＊Kumaの近所にマリィ君が住んでいたことが判明。地元ネタでもりあがった

バティック

ジャワ更紗として世界的に有名なバティック。寺院に行く時などに身につける布で神話に基づいた伝統的な図柄（聖鳥や竜）や幾何学模様が多い。

店内でお気に入りを探そう！
ネクタイ
どれがいいかな
まーだですか
スカート
帽子
お似合いですよ
シャツ
ワンピース
サロン
ブツ

HOW TO バティック製作工程

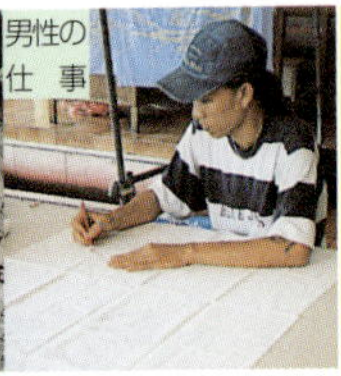
男性の仕事

①バティックデザイナーが下絵を描く

女性の仕事

②下絵をロウで点々となぞる

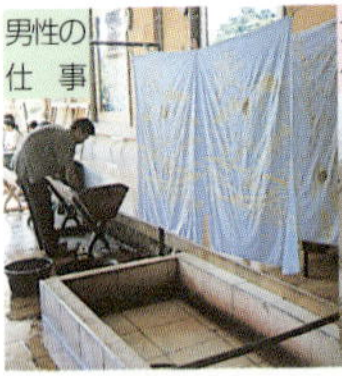
男性の仕事

③染色して洗う。これを12回繰り返す

女性の仕事

④縫製。型紙に合わせて製品に仕立てる

⑤完成品。一流品は長〜く愛用できます

⑥作業の流れを一覧することも可能です

一流品は製作工程を省かず作る。ニセモノを作ると近所の工房も迷惑するからやらないんだって。

バティック絵画
ムダな動作やわがままな客がいると苦労するわ
でかーーい♡
オーダーメイド生地用
ホホホ♡
扇子
ポーチ
好きな柄と欲しいサイズがピッタリこない
テーブルクロス
クッションカバー
ランチョンマット
ハンカチ

バティックたたき売り中
ヤスイヤスイ！
これは？
ゆっくり食わせてくれ
スゴイけどいらない

モダン

↑バティックを額ぶちに入れ、レストランに展示してあった

バティックで自由にアートもできるんだ、とアーティスト志願の青年がオリジナル作品を見せてくれた。伝統的なバティックの世界にも新しい風が吹いている。

農
業

バリは1年で米が3回できる。収穫を終えたらその畑は休ませ、次の畑へ移る。バリ名物の美しいライステラスでは、いつもどこかでお米が育っているんだね。

パシリ

取材中……
給料？安月給で米を買うのも一苦労さ。かかし？そんなもん人が追っ払うんだよ。
やってらんないよ
グチ大会ぶちぶちっ
あっカラス!!
行けっ
あっち行けー！
わーわーー
ケリッケリー
なんて原始的な…
はい
タタタタッ
えっ
えっ

大
工

朝からトンカントンカン小気味よいリズムを刻んで働く大工さん。バリはホテルやマイホームの建設ラッシュ。今日も額に汗して働く男は美しい！

マイホーム

トンカン
トンカン
トンカン
へーーっ 2百万円でプール付きのマイホームが建てられるの？
老後のために家建てるとい——ね♡ 僕が住んで管理してあげるねーー♡
なんちゃってブローカーめっ

達　人

クサンバ村は塩作りで有名な村。昔ながらの製法で塩を作ってる。でも職人の後継者がなかなかいないのが悩みのタネだとか。どこも同じなのね～。

朝　礼

インドネシアの島々の中でも、バリは観光客にも住人にも比較的安全で平和な島だ。トロピカルな楽園ではみ～んな平和ボケしちゃうのかな？

バリ絵画

バリ絵画はもともとは神殿に飾るための宗教画。バリに長期滞在した欧米画家の影響で、絵画の世界はスタイルが多様化し時代とともに変化した。

↑ガラスの破片をパレットに

画家の出世コース

1 勉強
兼業画家が多い

画家は憧れの職業。幼い頃から村の絵画教室やアートスクール、または独学でモチーフの描き方を学ぶ

2 芸術村としてウブドが有名だけど…
ウブドは学生が多いんだよ
ウブド
学生の修業の場
絵は安価
バトゥアン
成功画家が多く住む
クルンクン
伝統的
意外だ〜
案内役

地域によって画家のレベルも分かる。有名にならないと絵の価値が上がらない

HOW TO バリ絵画制作工程

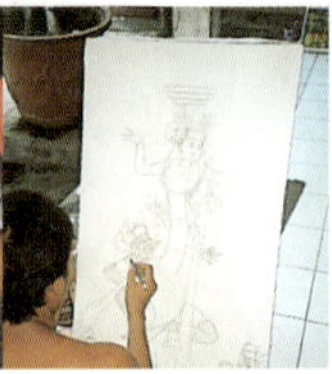

①鉛筆で下絵を描く。モチーフの描き方は手順があらかじめ決まっている

②バリ絵画は線が基本。墨汁を薄め何回にも分け下絵に塗り重ねていく

③透明水彩絵の具で着彩。最近ではアクリル絵の具も使う。乾けば完成

バリ絵画のスタイル

地域によって絵画のスタイルが異なる。他に古来から伝わるカマサン・スタイルや、花鳥風月をモチーフにしたプンゴセカン・スタイルがある

↑ウブド・スタイル。バリの日常生活が色鮮やかに描かれる

↑バトゥアン・スタイル。日常と宗教をモチーフにした細密な絵画

↑ヤング・アーティスト・スタイル。油絵具に灯油を混ぜて描く

3 個展
作品が売れると….
①客 ②ギャラリー ③画家
$100
中間マージン $50
もうけ$50
画材もギャラリーレンタル代も自腹
買って 買って
ボロッ
ビンボーなのね
原画を売っている
わー来たっ

デンパサールやウブドで展覧会を行う。ギャラリーの1週間レンタルで100万円（！）という場合も。海外で展覧会をやればネームもパンフレットも大きくなる

4 出世すると…
寺院に奉納する絵を描くのは名誉な仕事なんだ
絵の価値も上がるんだね

最高額は1億ルピアにも！ただし絵の価値は画家が亡くなってから上がるんだとか

5 夢
夢はデコ墓
(デコレーション墓)
DA AYU ABC
4 JUM 91
4649
僕？
有名になったら墓を立派にしてもらうよ
アハハハ
キ
なんか違う気が〜

恐怖！妄想の日々

ゲリ＝コレラ？ドロ水に転んだ＝破傷風？あぁ、今日も私たちは悶々と苦悩〜。

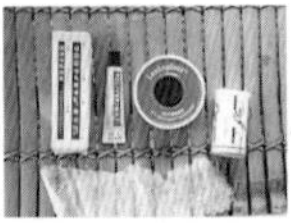

→現地で大活躍した薬

カンポー事件

①
出発前日、税関申告書に記入中、ふと気が付いた
あれ？ この英文の“チャイニーズメディスン”ってカンポーのことだよねー？
英語カゼロ
んーたぶん…
ひ
②
持ち込み禁止の武器・麻薬・火薬の項目にカンポーも入ってる・・・
ガーン
えっ マジすか？
③
どーしよー
46包のカンポー持ってくのに〜
全て ゲリ止め
④
どーしよー
入国審査でつかまったら〜
ちょっと待ちなさい
ポンッ
ギクッ
⑤
どーしよー
個室で尋問されたら〜
日本人？金持ち人種か⁉
⑥
どーしよー
ワイロ要求されたら〜
全財産よこしたら許す
⑦
すでに夢の中
ZZZZ…
どうしよう〜
明日、行きたくな〜い
ガバッ

※無事、入国できました

心と頭はかなりバリ人化してるのに、なーぜーかー体だけが拒否反応を示す。

今回の旅も連日連夜まるまる21日間ゲリしまくり。漢方の先生が処方した薬の意味もまったくなし。さらに追いうちをかけるようにドロ水ですべって転んで破傷風疑惑まで勃発！

バリに来れば、誰でも一度はゲリを経験するらしい。それも通過儀礼で後はしなくなるっていうけど、そんな人ばっかりじゃないはずだーっ！ねえ？

破傷風?事件
ドロ水で転んだ日から(P109参照)
妄想の日々
うみまくり
ドロ〜ッ
日に日に広がって腐ってくよ〜〜
破傷風
ギ〜ススえ〜
足切断
手遅れです
ダンッ
いやー あたしの足がぁ〜
消毒薬がないなんて……死ぬかも
水で消毒すれば?
その水がねえ

※約2ケ月で完治しました

コレラ事件
●トイレ争奪戦
ピーッ
ごっ、きた 先入らせて!
ゲリレベルが甘いからダメ
もれるーッ
ジャマしないでよ
あっ トッケー
うぎゃー
バタンッ
W.C
ほほほっ
ビビーッ
ゲーーッ
↑ゲリレベル 毎日
ゲッ ちょっと!
ゲリキャリアが長いからって ずるいっ
↑ゲリレベル 2日め

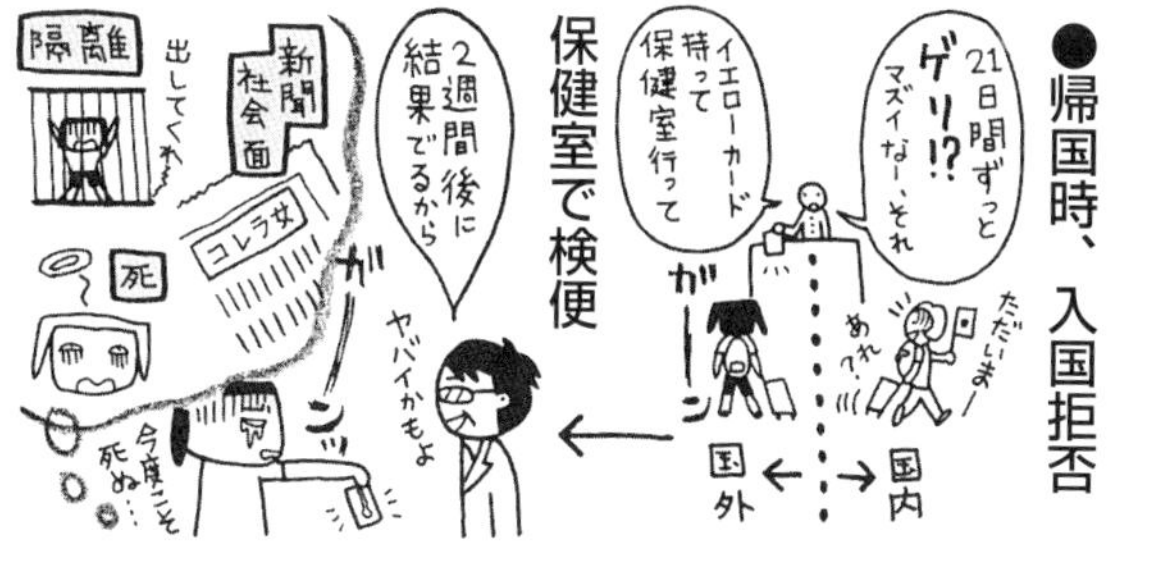
●帰国時、入国拒否
21日間ずっとゲリ!? マズイなー、それ
イエローカード持って保健室行って
ただいまー
あれ??
ガーーン
国外
国内
保健室で検便
2週間後に結果でるから
ヤバイかもよ
ガーンッ
今度こそ死ぬ…
死
コレラ女
新聞社会面
隔離
出してくれ〜

※単なるゲリでした

地元ご用達の美容院体験記

before

①小さな美容院。ここにしよう！

②ヘアスタイル一覧表から決める

③←青リンゴの爽やかな香りがするシャンプー

④いきなり冷水シャワー

⑤家にあったクリップってカンジ…

⑥カット。ハサミが皮膚にささる〜

「物価の安いバリで髪を切る」。最近では観光客の間でも当たり前になってきたようで、デンパサールやウブドでは観光客相手のアロマテラピーやエステをしてくれる小洒落たビューティーサロンが増えてきた。そんな中、私たちもバリ北部のシンガラジャにある地元の奥様方ご用達の小さな美容院へ行った。

　シンガラジャに住む人々は他の地区のバリ人とは少し違っておしゃれ。パステカの話によると、男性は背

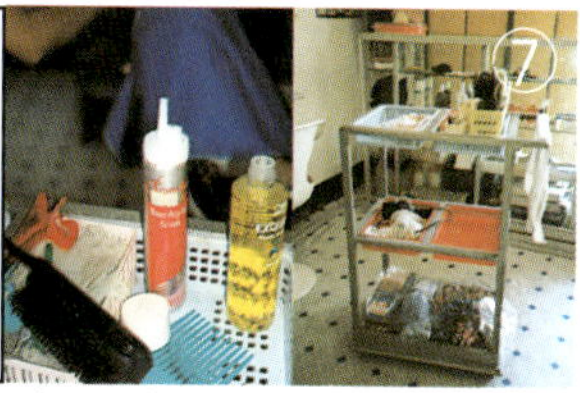
↑ヘアートニック　↑カット道具

やっぱバリ人と違うの？
もちろんよ
バリの女性の髪はこんなに太くないしごわごわもっそりしてないわ
ゴメンよ
↑日本人の中でも髪質が固いんです

多すぎて乾きにくいわ〜
ぶおー
送風機
ぬるーい♡
ブロー。ぬるい風で前後から乾かす

髪も固ければ体も固いのね
むぎゅー
むぎゅー
いでいで…
全身こりン症
頭皮マッサージ。ぐりぐり押しまくる

ええ、日本人なの
根元だけ染めて自然乾燥
珍客？
黒髪が多いと思ったらみんな染めにくるんだ
へー
白髪染めに来たおばちゃんが乱入

勝手に見ろってことらしい…
チクチクするー
カガミ
after
鏡見せ
ブラッシングなし
あっさり終了
完成。たったの1万5千ルピア（300円）

が高くてガタイが良く、女性は美人でハデなカンジ、なのだそうだ。確かに美容師さんは超美人でスタイルも抜群！8畳ぐらいのこぢんまりとした店内にはシャンプー台1つとカット台3つ、従業員は店を切り盛りしている美容師さんひとりだけ。

　私たちがバリで髪を切るのが初めてなら美容師さんもバリ人以外の髪を触るのが初めてで、外国人第1号の客になってしまった。で、腕の方はというと…。

→ティアラデワタ（P56参照）のトイレ。店内は国際的な雰囲気なのにトイレは思いっきり庶民的。バリ人はトイレットペーパーを使わないので水汲みが置いてあり、すくって流す。個室に入るたびに、ポケットティッシュのありがたみをしみじみ感じるわ〜

人んちマンディ
ウブドのワルン
えーと 何頼む？
ミーゴレン
あ、ちょっとゴメン
Menu
あのー トイレどこですか？
ご案内します
店内
わざわざ案内してくれるなんて親切♡
外へ
えっ 店の外？
道路
はぁ〜〜？まだ〜〜
こちらです
トイレ？使ってきな
2軒先のバイク屋のトイレだった
おそいなー
…

マーキングしよう

行く先々でなーぜーかーオシッコに行きたくなる（笑）。そんなわけでバリ式トイレ（マンディ）をベスト・オブ・チョイス！

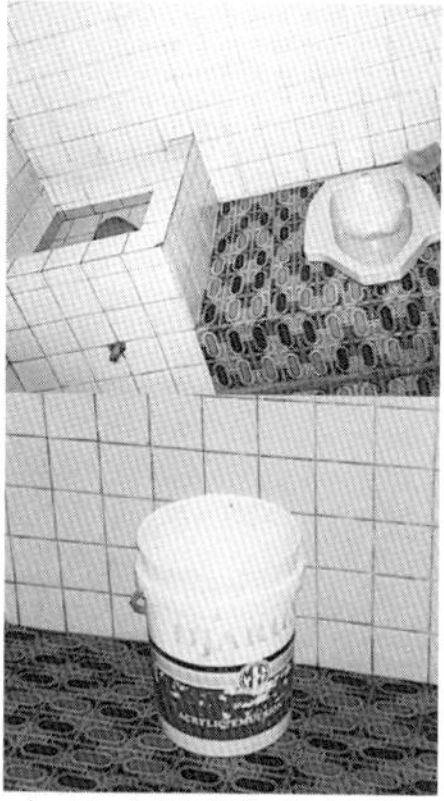

トイレと風呂が同じ場所にあることをマンディルームという。（上）がトイレ、（下）水浴び用のバケツ

どきどきマンディ

キンタマーニのレストラン
じゅーじゅー
早くしろー
食堂
←庭
ドアのない調理場
ビクッ
誰か来る？
落ちつかなくて出るものも出ないよ〜
ドアのないマンディルームなんて

チップ・マンディ

W.C
W.C
W.C
ちらっ
あのコとボクの分のチップね
まいど
へーすっきり
観光名所のトイレはチップをとるらしい
トイレの番人にチップ払ったことある？
へっ？
何それ？
陰でチップを払い続けた男

chit-chat!

ドリアンキャンディの悲劇

フルーツの王様、ドリアン。あまりの異臭で持ち込みを禁止するホテルもあるという。

異臭で酸欠状態になるらしいとか、アルコールと同時に食べるとショックを起こすらしいとか、ウワサでその強者ぶりを知ってたけど、バリでは普通に食べられているフルーツ、ドリアン。

「生ゴミのにおいがする」「ゲロくさい」「鼻がもげる」「マズくはないけど2度と食べたくない」「嫌がらせとしか思えない」など感想もさまざま。

ドリアンは、水を飲みながら少しずつ味わうのが鉄則。アルコールと同時に食べると救急車を呼ぶハメになる。私たちが行ったときは残念ながら季節外れでなかったけど、現地では旬になるとドリアン専門の屋台も出るという。

そのかわり、スーパーでドリアンキャンディを売っているのを発見！これが悲劇の始まりになるとは知らずに…。

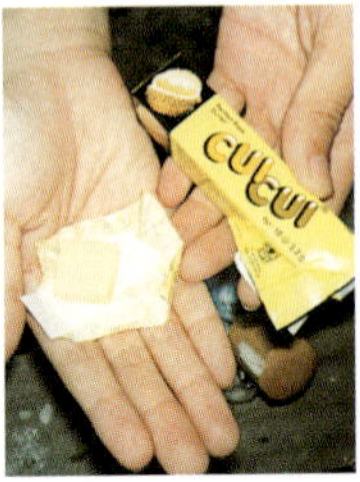

↑見た目はおいしそうなんだけど…

いざ実食！ドリアンキャンディ

ヒサノリくーん♡ バリのキャンディあげる♡
わーっ！おいしそう
後輩
いただきまー…
ポイ
にやっ

オエオエオエー…
ビュー
残り香が…
リアクション大魔王
口に入れた直後、ダッシュで地平線のかなたに消えた。雄叫びだけ残して。

完食
味覚死んでいませんか
食えないことはないな

[ヨシオの場合]
平然と食う。本物のドリアンもイケルだろう

完食
よくできました
ハーッ
ため息もドリアン臭

[タツヤの場合]
食べていくうちに無口になり深いタメ息が…

ヤバかったでしょう
ゲップもドリアン臭
げぷ

[ヒロコの場合]
途中で吐き出す。その後でアルコールを飲んだら…

勇気のある方はご賞味あれ！ただし責任は持ちませんが…

→CDショップの壁画。イカレたラテン系入ってます

いえー
ミョ〜?な
GALLERY

←白眼むいたおやじ人形

バリの街にはミョ〜なものがいっぱい。
探してみよう!

でたー
できそこないファンシー
ぱ
ティアラデワタ前のゾーさん
んっ

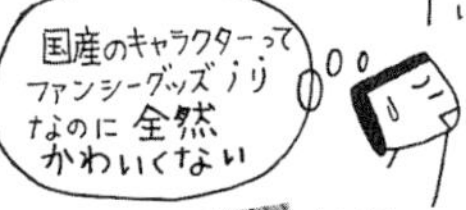
国産のキャラクターってファンシーグッズノリなのに全然かわいくない

ハンガー?

←よくできたオブジェだなぁと思ったらホンモノだった!

効果があるのかないのか…
ど
んっ
立ちんぼ警官
ゲッ 顔色わるっ

バドグース♡

↑アイドル笑顔なおやじ。
なぜか手には乾電池が…

↓寺院の鐘。なぜゾウが?

↓バリ版メドゥーサ?怖っ

Part 6

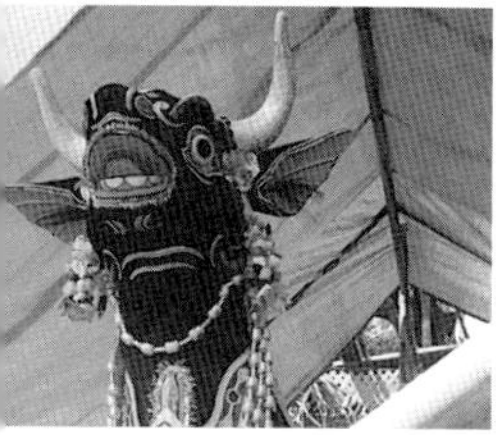

バチあたりと呼ばないで

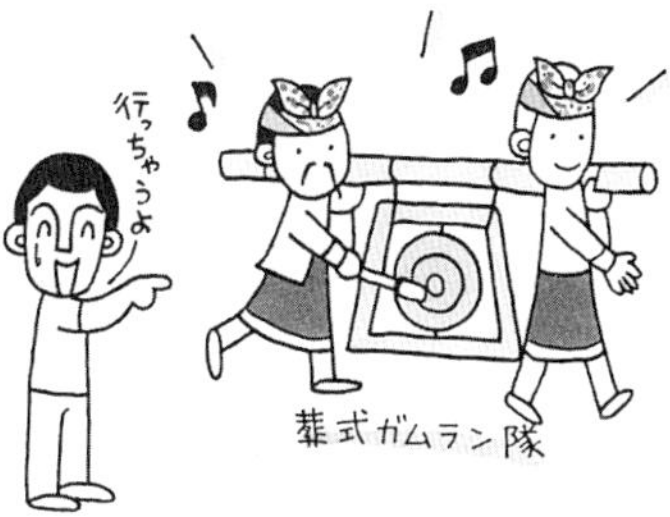

行っちゃうよ
華式ガムラン隊

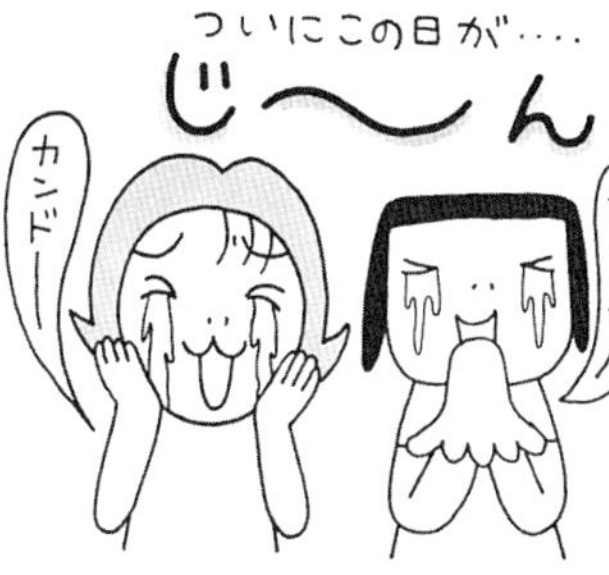

ついにこの日が….
じ〜ん
幸せです
カンドー

超リッチな葬式を見よう!

ウブドプレイスで、高階級者の葬式準備を進めている場に遭遇!3億5千万ルピアもかけた超リッチな葬式に密着!

日本では、葬式は不吉で縁起の悪いイメージが強いけれど、バリでは人生最大の大切なセレモニーだ。

バリ・ヒンドゥー教では肉体の消滅後、火葬によって死者の魂を清め、昇天した魂は天界の神々のそばで祖霊となり、再びこの世で女性の体内に宿りよみがえると信じられている。死は終息ではないのだ。

そのため、葬式は悲しいという概念がなく、遺族は故人のために惜しみなく費用をかける。葬式を一般公

よく見かける葬式オブジェ

ランブー。遺体を収めて火葬場で焼く棺のこと。ブラフマナ階級（司祭）の棺は白牛。シャトリア階級・ウェシア階級（市長や先生）の棺は黒牡牛

→バテ。「天国での家」という意味で、死者を火葬場まで運ぶ火葬輿のこと。輿の屋根が空に近ければ近いほど天界に近いとされる。高階級ほど屋根が高くなり方角にちなんだ9つが最高とされる。バテは故人の魂がこの世に戻ってこないように時計の針とは逆に3回まわされ、火葬場へと向かう

↑火葬台。バテから遺体を降ろし、ランブーに移すときに使う階段のこと。すべて竹で組まれ、釘は1本も使われていない

↑僧侶を乗せる台。王族や僧侶などが亡くなると、プーチョと呼ばれるハイビスカスの花を頭につけ、お経をとなえる

開し、観光客を含めた大勢の参列者に見送られることによって、死者は天界へ「出発」できるのだ。

　私たちがウブドに滞在中、正装した男たちが葬式の準備を進めていた。「1ケ月前にギャニャール県知事が亡くなったんだ、とても豪華な葬式になるよ」と青年がにこやかに教えてくれた。

　葬式当日は、およそ2百人から3百人の男たちが幸せにあやかりたいとバテを運びたがるのだとか。ああ、やっと葬式が見れるのね〜。

葬式への道のり

バリにはカースト制度がある。前述（p200参照）した上級階級のブラフマナ（司祭）、シャトリア、ウェシア（市長や先生）。そして、観光客の私たちが最も接する機会の多い市民階級のスードラは島人口の大半を占める。故人の階級によって、葬式の挙げ方や費用が大きく変わってくる。

　上級階級の葬式は豪華絢爛だ。大勢の参列者を率いて行う超ハデでゴージャスな火葬式は見た目だけじゃなく、かかる費用も超ハデでゴージャスだ。今回の故人は、王様の子孫でギャニャール県知事を務めていた男性（享年65歳）。費用は葬式だけでも3億5千万ルピア（！）。市民階級は資金が調達できるまで葬式を挙げなくても良いのだが、上級階級の場合、死後、葬式に適した日にただちに挙げなければならない。ただ、彼は王様の特権として、費用を他の県から調達でき、遺族は25％だけ払えばいいとか。ま、上級階級でも大変なんだろうけどね。3億ルピアなんて…。

　一方、市民階級は気の遠い長期戦になる。日本円にして50万円弱だが費用が貯まるまで何年何世代もかかる場合もある。遺族は、できるだけ立派な葬式を挙げることによって、故人が天国に行っても幸せに暮らせると考え、その間故人は仮墓でじっと待つ。同カーストの合同葬儀や、故人より上階級者の火葬式に便乗して葬式を挙げる場合も珍しくない（p214参照）。後者の場合、便乗した上階級者の家来になってもやはり天国で幸せに暮らせるのだという。

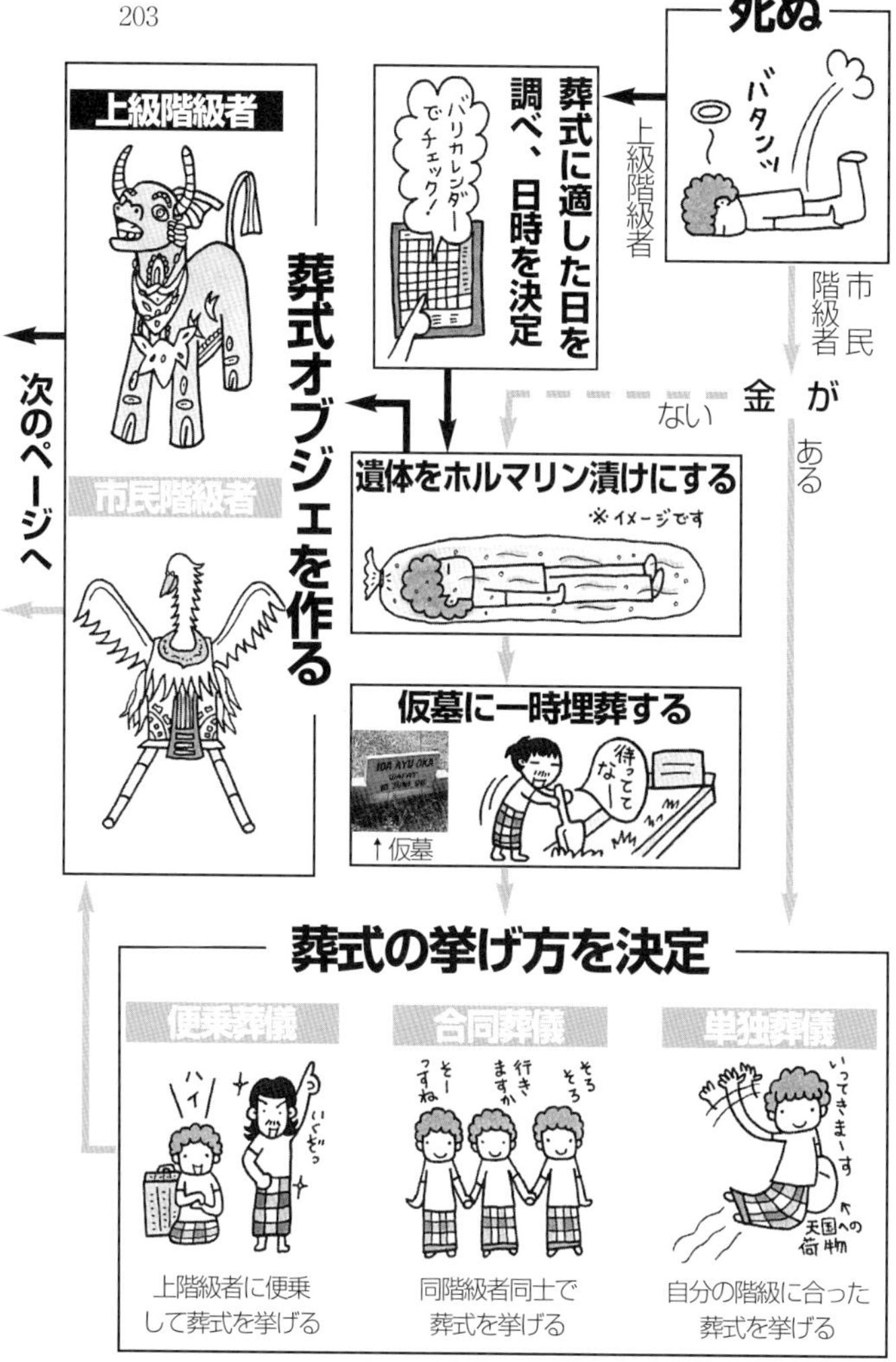
死ぬ
バタンッ
上級階級者
葬式に適した日を調べ、日時を決定
バリカレンダーでチェック！
葬式オブジェを作る
上級階級者
市民階級者
次のページへ
市民階級者
金が
ない
ある
遺体をホルマリン漬けにする
※イメージです
仮墓に一時埋葬する
IDA AYU OKA
↑仮墓
待っててなー
葬式の挙げ方を決定
便乗葬儀
ハイ
いくぞっ
上階級者に便乗して葬式を挙げる
合同葬儀
そろそろ
行きますか
そーっすね
同階級者同士で葬式を挙げる
単独葬儀
いってきまーす
天国への荷物
自分の階級に合った葬式を挙げる

葬式全体の流れ

葬式前日 通夜

故人を偲び、親族や友人を集めて料理がふるまわれる

葬式当日 出棺

清めの儀式をすませ、バテを仮墓場まで担いで遺体を掘り起こし、火葬場に向かう

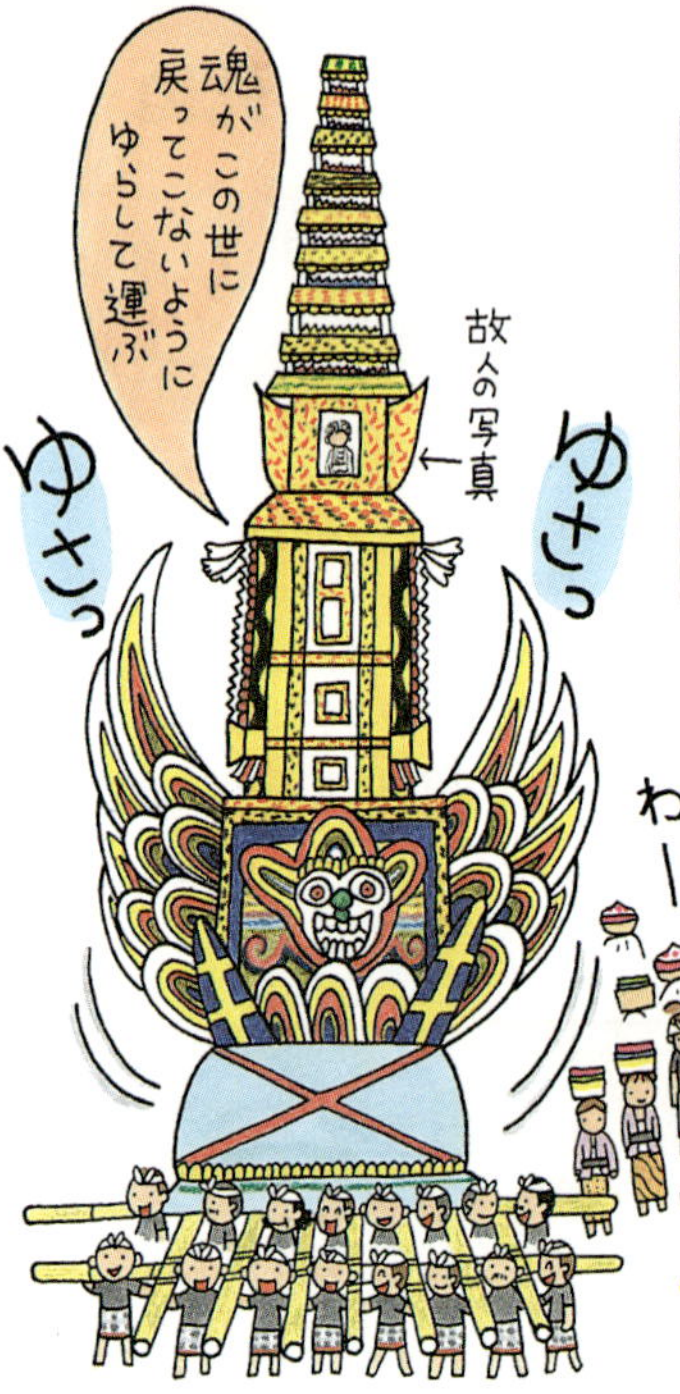

魂がこの世に戻ってこないようにゆらして運ぶ
故人の写真
ゆさっ
ゆさっ
わー
わー

POINT 公開火葬参加での基本のマナー

公開火葬といえど、あくまでも個人的な儀式。必ず彼らの許可を得てから行動し（写真撮影は可）決して儀式のジャマをしないように！

●参加方法

あっツアーが出てるよ
CREMATION CEREMONY
DATE/TIME
PICK UP TIME
PRICE US$ 18
チラシ

主に口コミ情報が中心だが、現地の旅行代理店でまれに葬式ツアーが出ることがある。

Fire!
あちっ

葬式当日
火葬

火葬場に到着したら、バテに火葬台をつけて遺体を取り出し、ランブーに移して火葬する

葬式翌日
散骨

灰になった遺体を、川もしくは海に流す

●お供え物

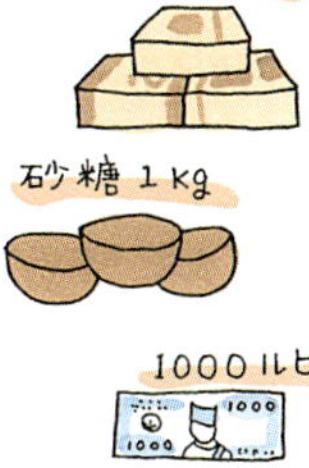
タバコ数箱
砂糖1kg
1000ルピア

日本でいうお香典。気持ち程度で十分。

●服装

バリ人
観光客
※キソデでもOK

サロンは必需品。失礼のないよう肌を露出しない服装で。

通過儀礼エトセトラ

バリ人は、生まれてから死ぬまでの人生の節目節目に数々の通過儀礼を行う。通過儀礼を行うことによって苦難を乗り越えるために必要な霊力と、危険から身を守るための方法を授かるのだとか。

バリ人とひとくちに言っても民族や地方によって儀礼のカタチは異なる。ここでは大半のバリ人が行う通過儀礼と、バリの先住民（バリ・アガ）独特の通過儀礼を紹介！

Mapandes

ムパンデス。鑢歯（ろし）儀礼。18〜20歳の間に行うバリの成人式で、獣性をあらわす犬歯、門歯を削る。

「情欲・貪り・憤り・放逸・痴・嫉妬」の〈六敵〉を制し、人間に存在する魔性を削り取る儀式。

私たちには背すじが寒くなる儀式…
ガッ ガッ ガッ ガッ
カンカン
カン カン
カン
サンギン(僧)が行う
トンカチでヤスリをたたき犬歯を削る
ひえーー
超スプラッタ!!
ボクもやったよ♡
バリ人歯が命♡
ガッ
ガッ
ガッ
ガッ
カン
カン

ジャワ島から移住してきたバリ・マジャパイッ人が今のバリ人のほとんどを占めるが、トゥガナン村は、バリの先住民（バリ・アガ）が住む村。そのため、村独特の通過儀礼も多く、慣習を守らないととんでもないハメになる。

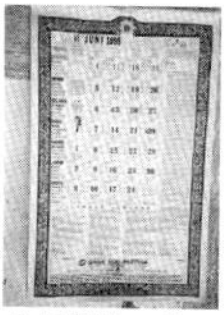

↑日程は、やっぱりバリカレンダーで決める

●成人式（パナン）
15才男子がパンダンというサボテンの葉で自分の上半身(裸)を傷つける儀式。
バシッ
ビシ
これでお前も一人前だ！
血がドビュ
盾
ひえー
プチSM!!

●結婚
村人同士の結婚が正しいと考えられ、これに逆うと…
出てけー
やんや やんや
裏切者！もう戻ってくるんじゃないよ
ネコつかみ
許して～
ずるずる
境界線
ひえー
村八分かい!!

イカすぜ職人

●ランブー

葬式オブジェ制作は男性の仕事。制作日数は10日間！彼らの手先の器用さと追い込みのスバラシさといったらうっとりほれぼれ〜♡

① 牛を彫る。この職人ひとりで全部彫り続けた

② 全身に竹を巻き丹念に骨組みを作っていく

③④ スポンジで筋肉を作り、サテンの黒布を縫いつける

⑤ ほっぺもこれでふっくら

⑥ しっぽをつける。なんと本物の毛で出来ていた！

装飾し、顔に化粧して完成

●バテ

①② 骨組み後、縄をとぐろ状に打ち込む
③ 型紙に合わせて模様をカッティング
④ ③を①に貼り付け故人の遺影を飾る
⑤ サクサクと各パーツ作り

⑥ 極彩色のバテ。9つ積み上げると高さはゆうに20メートルを超える

縄の部分にベダワン（宇宙亀）、雌雄のナーガ（蛇竜）、死者を天界へ運ぶガルーダ（聖鳥）などの神々の装飾をほどこし 完成

タダ働きのワケ

葬式オブジェを作る職人たちは、ふだん土産物屋やロスメンオーナーをしている。芸術家ではなくシロウトなのだ。これだけでもビックリなのに、彼らはタダ働きだというからさらにビックリ！金が動いてもだらけまくってるのに、こんなに働くなんて何か秘密があるに違いない…。

↑チャンディ・ブンタル。バンジャールの入口に建てられている

その秘密はバンジャール（共同体）にあった。バリの生活は、チャンディ・ブンタルというブックエンドのようなカタチをした巨大な割れ門の中で行われる。日本でいう町内の自治体の役割を果たすコミューンのようなものを、バリではバンジャールと呼ぶ。相互扶助（互いに助けあう）精神を最大限に生かし、バンジャールの中でイベントを執行したり、定期的に集会を開いて話し合いを行うのだ。

バリ人にとって葬式は人生最大の儀式。精力的に協力すれば、自分の葬式も大勢の人々の協力によって素敵なものになり、天国で幸せに暮らせる。万が一、まったく協力しなければ隣近所との仲はギクシャクし、誰も協力しないのでろくな葬式を挙げてもらえず、天国に行っても不幸なまま暮らすハメになる。

彼らがタダ働きでもサボらないのは、バンジャールの一員としての役割と、相手にした行為は必ず自分にも同じように返ってくるという考えで生きているからなのだった。

職人のタイプ
職人といえど、やはり根はバリ男・・・？
これ、牛のどこの部分だか知ってる？
答えは
ちんちん
なんでここだけ日本語なの？ っつーかなんで知ってるの？
ちんちん制作中
女の子に弱い男
ハイ、これ君たちの分の水だよ♡
ノドかわいたでしょー 飲んで飲んで♡
えっ
もらっていーのかな
たぶん職人の人数分しかないと思う
寡黙な男
8時間黙黙とバテ作り
・・・
ぎゅっぎゅっ
これぞ本来の職人の姿!!
座りっぱなしで痔になりそー
痔ジャムーの愛飲者だったりして－
バチあたり
妻に弱い男
はっ
働かないと怒られるっ
ほえ～
弁当を届けに来た妻

長い1日

いよいよあさっては葬式。葬式オブジェはほぼ完成し、ランブーの豪華絢爛な勇姿に思わず立ち止まる観光客が目立つようになった。

私たちがいつものようにウブドプレイスに行くと、見慣れないバリ人がうようよいてちょっと違う雰囲気。どうやら今日の作業は、バテの担ぎ部分の制作で人手が必要らしい。午後になるとさらに遠方からヘルプに来たバリ人が増していった。作業が始まると、ウブドプレイス付近はバリ人と観光客でごったがえす。20メートル近くもあるバテを動かすたびに、歓声とどよめきが一斉に湧きあがる。私たちは毎日作業現場に通った特典か、職人と仲良くなった特権か、職人たちに紛れてバテの近くでその様子の一部始終をかいま見ることが出来た。

「ここから写真を撮りなよ」とベストポジションを作ってくれたのに、カメラの調子が悪いんだよね～(涙)。

おやつタイム

昼ゴハンの後、まだ10分しか働いていないのに…

↑ココナッツオイル入りのモチ菓子

パンピーな葬式を見よう！

大半の低階級者は同階級者と合同葬式か、高階級者に便乗して葬式する方法をとる。ここでは後者の形式を紹介！

→バテ。遺体はほとんど白骨化している

白鳥をかたどった棺。階級が低いのでランブーは使えない↓

遺灰と一緒にヤシの実をのせる台→

↑比較的新しい遺体をのせて火葬する台

　葬式前夜は、故人を偲び親族や友人を集めて料理がふるまわれる。その席で葬式ガムラン隊は故人の階級に関係なく、あの世へ送る鎮魂曲を演奏する。葬式ガムランの音色は「死」を身近に感じさせる。

　ある日、街でみかけた10歳くらいの少年が哀悼の意を表し、胸の前で両手を組み、葬式ガムラン隊が通り過ぎるまで祈りを捧げている姿が印象的だった。幼い子どもたちは「死」の意味を葬式ガムランから自然に感じ取るのだろうか？

　底抜けに明るくて陽気な葬式を見ていると、バリ人が悲しみとは無縁に思えるけど、彼らは宗教上の理由で人前で涙を見せないだけで、儀式が終了すれば、遺族は陰でひっそり号泣するのだという。最愛の人を失ったときは、誰でも深く傷つき、悲しいのだ。

　朝日が昇り始めた頃、葬式ガムラン隊は親族らと共に長蛇の列を作り、演奏しながら火葬会場へ移動していった。宿の中で聴いた圧倒的な存在感で荘厳なガムランの音色を私たちはずっと忘れない。

キリスト教の葬式を見よう！

公開葬式じゃなかったけど、参列しちゃいました！

①トロピカルな霊柩車　②墓場へ向かう　③葬式ガムラン隊

⑥オヤツタイム
葬式まんじゅうならぬ
葬式パンが配られた
オヤツくれくれ♡
親族以外のバリ人
(オヤツめあて?)
パイナップルパン
コーラ
ずずー
んごー
思い思いに飲み食いする親族たち
たぷたぷ
ぱくぱく
イエーイ♡もらっちゃったぜー♡
嬉しさのあまり記念写真を撮る3人

バリ人が信仰する宗教は、ほとんどがヒンドゥー教。今回私たちが参列したのは故人がキリスト教を信仰していた中国系バリ人だ。彼らはイエローカードと呼ばれるものを持ち、秘密の連絡網がある。民族の結束がとても固いのでさぞかし気難しい方々と思いきや意外にフレンドリーで「いちばん後ろからついてくるならいいよ」とあっさりOKしてくれた。観光客を意識した派手な葬式とは違い、身内だけのこぢんまりした葬式だったけど、カラリと明るい雰囲気ながらも心温まるものだった。

→目次A6　私たちが嬉しかったのは「葬式パン」をもらったからです

⑥
オヤツタイム

④水色の墓場に到着

⑤ソク解体

⑦埋葬曲を演奏

⑧和気あいあい
ぐすっ
うぐっ・・・
生前の故人は心の優しい方でした・・・
故人は50代の女性
悲しんでるのはこのエリアだけ
喪主のあいさつ中にこんな話ししてていーのだろーか？
あら？私たちって似てるわ
えっ
目の色も同じだね エヘヘ
ちっとも話を聞いてない人々

⑨フォークソングの会！？
故人を埋葬した後ギターを持って歌いだした
（キリスト教なので土葬）
故人
も〜えろよ
もえろーよー
炎よもえろー
あ゛あ、幻聴が・・・
どーみても、このノリはキャンプファイヤーだよ！
しかも手拍子つき
さっきの涙っていったい…

それ、迷信？

バリにはバリアンと呼ばれる呪術師がいる。彼らは白魔術や黒魔術を操り、儀式では重要な役目を担う存在だ。バリ人たちはこの魔力を強く信じ、中には本当にトランス状態に入る人もいるんだとか。

「バリアンに背くと不幸になるんだ！ああ、恐ろしいね！」と、パステカは真顔でバリアンの魔力がいかにスゴイかを語ってくれたけど、どうも私たちにはアヤしさプ～ンプンなんですけど…。

CASE 1

闘鶏は、ふだん穏やかなバリ男性が闘志を燃やすギャンブルの場。しかし現在、政府による賭事禁止令という法律で禁じられている。闘鶏に勝つための魔法もあるんだって。

1000匹のカエルが脱皮するとき、いっせいに光る。
よーし
ピカーー
脱皮した皮をもらったね！
運が悪いと…
げっ
カエルにかまれて死ぬ
運が良いと…
チャンプ
やったー
闘鶏に勝つ
ケッ
カエルも嫌い
そこまでして勝ちたいのか？

CASE 2

悪魔は様々な魔法を持ち、人間はそれを手に入れることもできるが、その分、代償も大きいんだって。

金持ちになる魔法を下さい！
ま、くれてやってもいいけど、ヒヒヒ
うははっ金持ちだ
望みを叶えてやったお礼として子どもはもらっていくぜー
パパ
あっコラー待て！
だからボクは子どものためにもビンボーでいいね
父の愛
ビンボー似合ってるしね
そ、だね

CASE 3

白バリアンと黒バリアンはそれぞれ魔力が異なる。自然の中に精霊が宿るのでバリアンはその魔力を利用するんだって。

もし、永遠に繰り返したら・・・
黒バリアン
白バリアン
呪い
病気治療
ブビビ〜
パワワ〜
あぁあっ、なぜか悪寒が!!
あらスッキリ
バリアンぼろもーけか…
あ、あくどい
両方できる人もいるねー

ああ、帰国！

明日は待ちに待った葬式。そして私たちが日本に到着する日でもある。そう、私たちはあれほど大騒ぎしていたにもかかわらず、あの超リッチな葬式を見ることが出来なかったのである。まさに大ど～んでん返し！

偶然、ウブドプレイスで葬式オブジェを発見したとき、私たちは驚嘆しまくった。でも、葬式の日程を聞かされたとき、イッキに奈落の底に転落した。私たちが持っていた

え゛ーーっ
あんなに毎日見に来てたのに葬式見ずに帰るのーー？
明日なんだから見ていきなよー
そーだよーー
そのやさしさが心にしみるぜっ
ゔっ

航空チケットは最長期間の往復便で、キャンセルが効かず延泊ができなかったからだ。

葬式そのものは見れないと知りながらウブドで過ごした10日間はあっという間だった。職人たちにバリ語を教わったり、おやつをごちそうになったりすっかり仲良しになっていた。帰国当日も彼らは別れを惜しんでくれた。私たちは、帰国直前までパステカを交えてオブジェの細かい説明を受けたり、葬式当日の参列者（故人と関わりのあった親族や友人、団体など）の受付をす

る寺院を見学して過ごした。

泣く泣く荷造りをし、葬式以外の未練を残さぬように、いたるところで食って買ってしゃべりまくって、空港でも暴れまくって（ヤケクソ？）、夜の飛行機に乗り込んだ。またリベンジに来るぞ！

もう空港に入る時間ねー
おー！
ダダっ子
やだやだー
葬式見たいよー
BALI

●トイレで…

ずら〜
入口
滞在中に身につけたはずのバリモードをすっかり忘れ自国モードで怒る人々
3つのトイレのうち2つが故障!? どーゆーこと?
ちょっとー何で誰も直しに来ないのさー
さっきの人長かったよねーもたもたしないで早く出ろっつーのよ
ぎゅっ
開けられそうなので押さえている
1分以内に出ないと国際問題になっちゃうよ〜〜

●ワイロおばさん

客の前だけを掃いてる
チップ1000円♡1000円♡
るせっ
荷物番
新しくなった空港よ、最後の最後までバリを満喫させてくれてありがと〜〜〜（涙）

機内から、藍色の海に瞬く
街のネオンが見えた。

パステカの姿はもう見えない。
私たちがさっきまでいたバリが
小さく、小さくなっていく。

海を越えて
時差を越えて
バリが思い出になっていく。

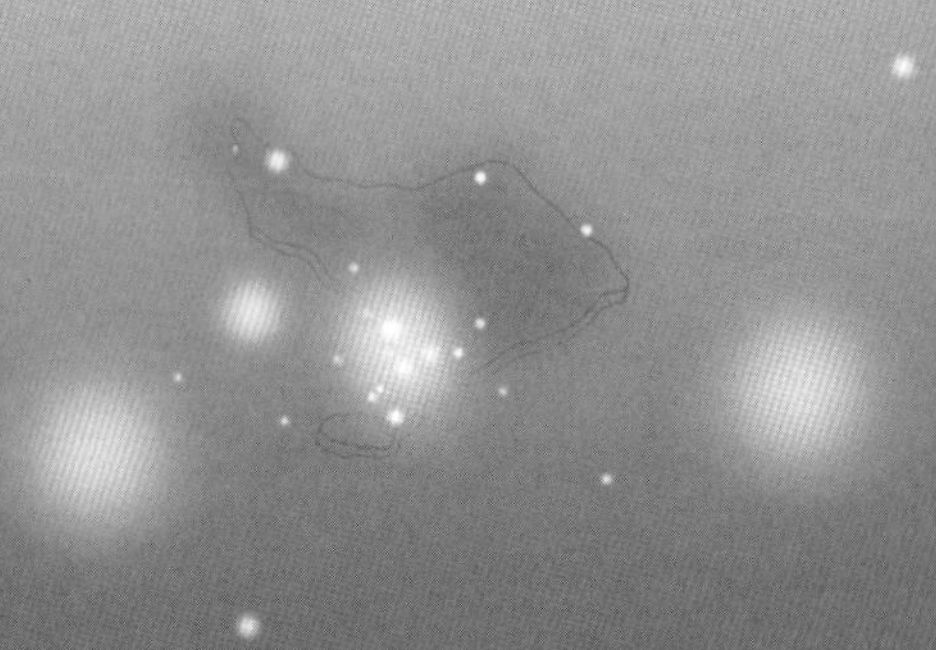

でも、私たちは知っている。
ここに帰ってきたとき、
彼らはあのときと変わらない
人なつっこい笑顔で
また旅人を迎えてくれることを。

バリ人度チェックゲーム

あなたの中に潜むバリ人度がわかるよ！さあ、あなたは何タイプ？

ナンカ
YES
NO
南の島で遊んで暮らしたい
木彫り
START!
バリ島に行ったことがある。または興味がある
人見知りはしない方だ
お供えもの
チャナン
食べ物の賞味期限は必ず守る
MILK

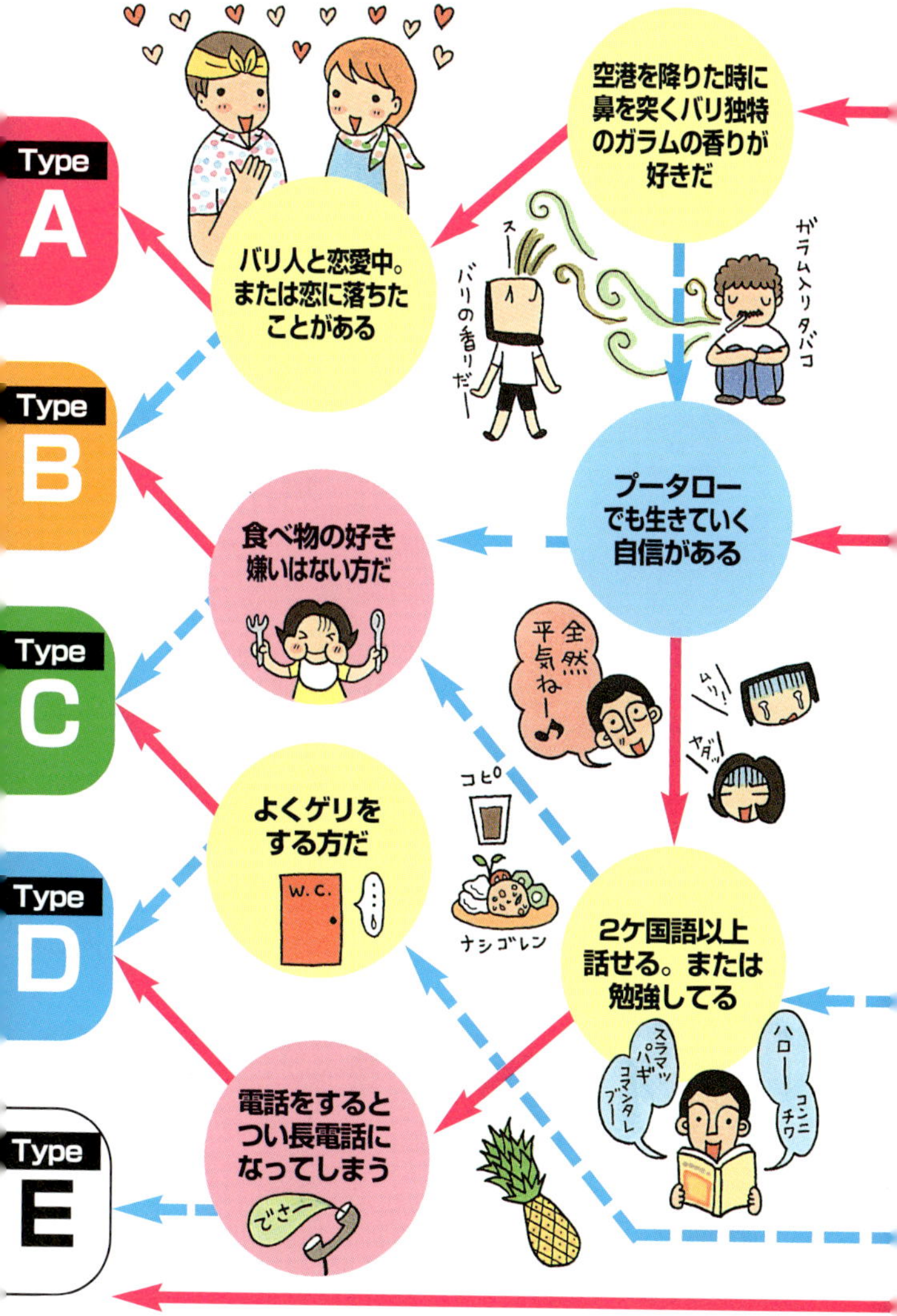

空港を降りた時に鼻を突くバリ独特のガラムの香りが好きだ
スー
バリの香りだー
ガラム入りタバコ
バリ人と恋愛中。または恋に落ちたことがある
プータロー でも生きていく自信がある
全然平気ねー♪
ムリッ!
ヤダッ!
食べ物の好き嫌いはない方だ
コピ
ナシゴレン
よくゲリをする方だ
W.C.
…
2ケ国語以上話せる。または勉強してる
スラマッパギ
コマンタレブー
ハロー
コンニチワ
電話をするとつい長電話になってしまう
でさー
Type A
Type B
Type C
Type D
Type E

あなたはこのタイプ！

A バリバリバリ人

★性格

あなたは、陽気で親しみやすいタイプですが、逆ギレすると怖い一面もあります。バリ人にたとえると農家や土産物屋、レストランのオーナーといった自営業。

★バリの旅のカタチ

そんなあなたは、旅行ではなくバリに住むのがオススメ。すぐ現地に溶け込めるので、バンジャールの行事にマメに参加しましょう。ただし、世間話に熱中してのんびり過ごすと仕事をほったらかす可能性も…。

B ナニワバリ人

★性格

あなたは、好奇心旺盛で行動的なタイプですが、熱しやすく冷めやすい一面もあります。バリ人にたとえると白タクやビーチの売り子、市場のおばちゃん。

★バリの旅のカタチ

そんなあなたは、サバイバル能力に長けているので、安宿を渡り歩くバックパッカーがオススメ。貧乏も楽しめる感性を持っています。ただし、放浪のすえ悟りを開いて、世捨人になってしまう可能性も…。

C ヒラメキバリ人

★性格

あなたは、独自の世界観を持ち流行に敏感なタイプですが、感情が不安定な一面もあります。バリ人にたとえると木彫職人やバティックアーティスト。

★バリの旅のカタチ

そんなあなたは、バリ絵画など興味のある分野を徹底的に習うホームステイがオススメ。文化に触れて積極的に自分磨きをしましょう！

D ペラペラバリ人

★性格

あなたは、心優しくおしゃべりが大好きな世話好きタイプですが、理屈っぽく頑固な一面もあります。バリ人にたとえるとホテルマンや観光ガイド。

★バリの旅のカタチ

そんなあなたは、オプションを自由にわがままに選べるフリースタイルのツアーがオススメ。買い物も観光も思いのままに満喫できるはず！

E コテコテ日本人

★性格

あなたは、責任感が強く誠実で常識的なタイプですが、マジメ過ぎてストレスをため込みやすい一面もあります。あまり冒険をしないのでは？

★バリの旅のカタチ

そんなあなたは、ゆっくりくつろぐリゾートスタイルのツアーがオススメ。スパやアロマテラピーで癒して心身ともにリフレッシュを！

おわりに

帰国後、私たちは日本のスピードにしばらくボー然としていた。このスピードに無意識に飲みこまれて便利で快適な生活をし、それは当たり前になっていた。旅の初めは、バリ人のあまりのアバウトさに呆れ「ちゃんと働け！」だの「時間を守れ！」だのいちいち怒ってたけど、いつのまにか私たちにも伝染して、旅の終わりには一緒に笑っていた。

バリの葬式が見たい！とさんざんわめいておきながら、その反面、いつかは自分も死ぬというコトを考えると怖くて出来るだけ意識しないようにしていた。

ヒトも動物もいつか必ず死ぬんだ。
誰だって死ぬのはイヤだよ。
葬式なんて好きじゃない。
でも、いつまでも悲しんでいても
しかたないし、天国でしあわせに
なってほしいからね。

バリ人のコトバから気がついた。
自分が今この瞬間「生きている」という
当たり前な現実を。そんなの当たり前だけ
ど、それが当たり前だとすぐ忘れてしまう。

肩の力を抜いてごらん。どんな時も自分
らしく生きていけばいい。そんな前向きな
パワーと感謝のココロをバリからもらった
気がした。

あとがき

バリの人気は、一過性のブームではなく確実に定着しつつあります。テレビや雑誌では、バリの伝統的なお祭りや人々の生活、リゾート情報などが頻繁に紹介されたり、ちまたではインドネシア料理のレストランが続々とオープンしたり、日本にいながら雰囲気を楽しめるのは、バリが大好きな人間にとってすごく嬉しいことです。

しかし、この企画が立ち上がった頃のインドネシアは政治情勢がひどく不安定で、日本人渡航者が激減していた時期でした。私たちは本の制作をしながら固唾を飲んで回復を願いました。また、「インドネシア」「バリ」という活字をテレビ欄や雑誌で見つけるたびに必ずチェックし、この1年間は日本にいながら四六時中バリ三昧の日々を過ごしました。

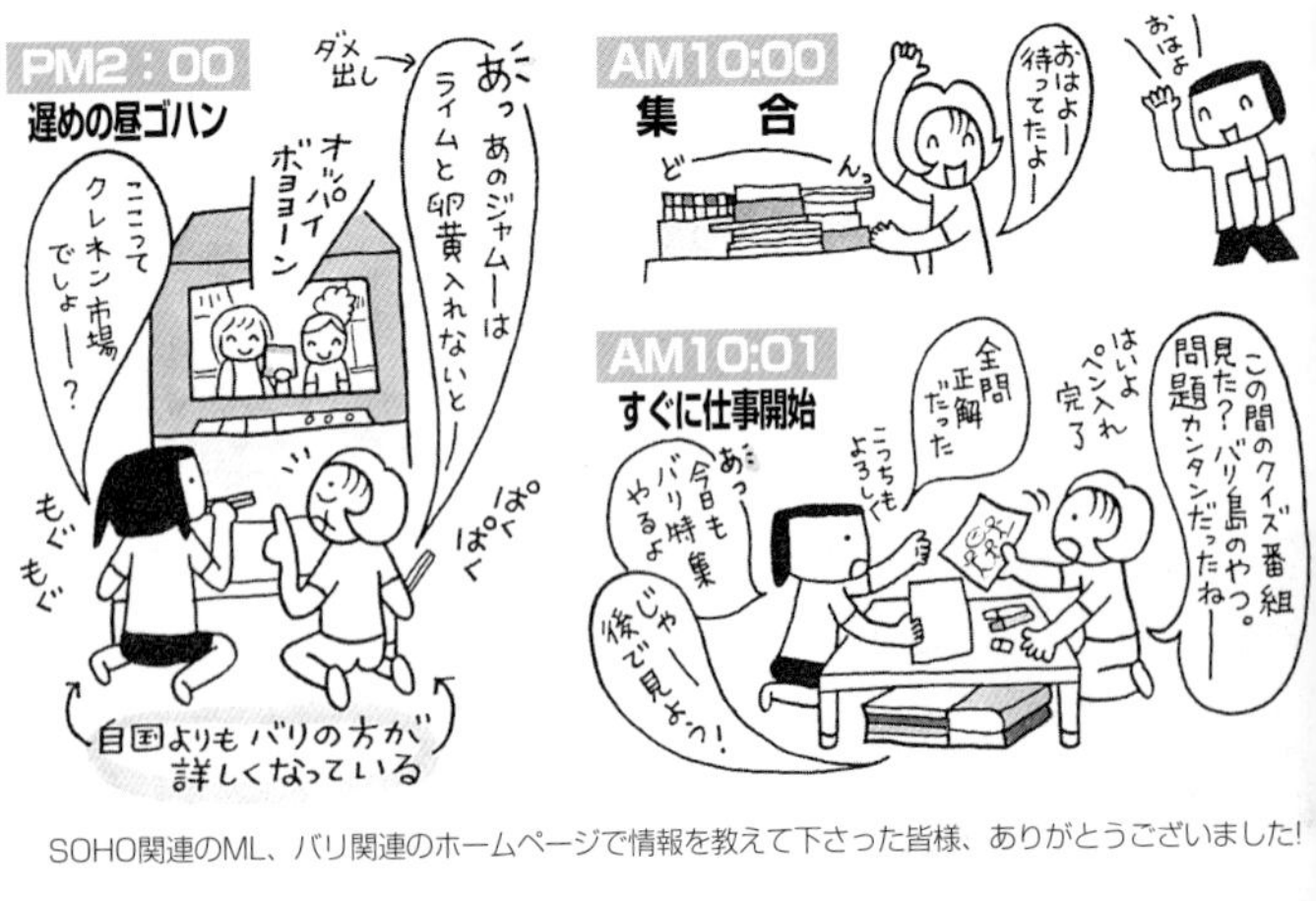
AM10:00
集合
おはよ
おはよー 待ってたよー
どーーんっ
AM10:01
すぐに仕事開始
この間のクイズ番組見た? バリ島のやつ。問題カンタンだったねー
はいよ ペン入れ完了
全問正解だった
こっちもよろしく
あっ 今日もバリ特集やるよ
じゃー 後で見よっ!
PM2:00
遅めの昼ゴハン
ダメ出し
あっ あのジャムーはライムと卵黄入れないとー
オッパイボヨヨーン
ここってクレネン市場でしょーー?
もぐもぐ
ぱくぱく
自国よりもバリの方が詳しくなっている

SOHO関連のML、バリ関連のホームページで情報を教えて下さった皆様、ありがとうございました!

この本は、私たちがこの旅で体験したこと調べたこと、現地の人々に聞いたことなどを書いたものです。観光だけじゃない、ナマのバリの姿を伝えたくて作りました。

最後になりましたが、この本が完成するまで様々な方に大変お世話になりました。あまり最善とは言えない状況で、この企画を推進して下さった知恵の森文庫編集部の小松現氏、初めてのデジタル入稿を親切にサポートして下さった萩原印刷の佐久間隆司氏に心から感謝いたします。そして、ここまで読んでくださった方、ホントにホントにありがとうございました！　旅のカタチは人それぞれ。私たちの本が少しでもお役に立てれば幸いです。

ぜひ、ご意見やご感想をお聞かせ下さいね。

Ｋｕｍａ＊Ｋｕｍａ
よねやま　ゆうこ

PM6:00
だれる
なんかさー
一日中同じニュースばっか聞いてる気がする――
テレビも仕事もうんざり…
なんかさー
同じ柄ばっか描いてる気がする――
NEWS
今朝方おきた～…
くたっ
へなっ
Photo
PM7:00
気晴らしのタゴハン
わーい
メシだ
メシだ――
コンビニ弁当
すりすり
至福♡
PM9:30
仕事終了
明日はMACで作業するよ――
運動不足で太るわ――
またね――
足がジンジン
ヒザガクガク
またね～
このブロイラー生活いつまで続くのかな～
ブヨブヨ

◆Special Thanks!…制作過程でお世話になったマリちゃん、たかち、教授、

ウサウサーノ
パッ
パッ
バズちゃん
ポワン（妹）
歩くザトウクジラ プアン（兄）
宣伝宴会部
koson-koson
koson-koson カンパニーへようこそ
営業部
アポ取り開始!!
ハギオ
よろしく
明日の件で…?
コソンコソンです
もしもし
秘書
社長
これもダメですってー
この企画ボツ!
シャラクセーナ
企画書
デリバリー便
秘書からだよ
ボツネタ
カタツムリーノ
企画・制作部
一日一銭の仕事から脱出したいよ〜〜
なんで私らって社長じゃないの? ボーナスは…?
万年ヒラ社員
管理部
ヒッチー
あの2人の労働時間20時間になっちゃったー
スケジュール表
いいじゃん別にー
ブッチー
アルバイト
うさぎさん
あっ
夜のバイトに遅れちゃうよー
もーすぐ終わりまちゅ♡
スクール水着
うまいべ みかん
スイム君
たこっち

koson-koson

「koson-koson」とは…

インドネシア語で数字の「00」（ゼロゼロ）という意味。

フリーイラストレーターとして個々で活動してるKuma＊Kumaとよねやまゆうこが「モノ作りの原点（ゼロ地点）から、趣味と実益を兼ねて、楽しくおもしろく何でも仕事にしちゃおう！」をモットーに、2000年を機に結成した新ユニット名。

日頃から鍛えている企画力（妄想力？）が私たちの起爆剤！

旅の本作り、イラストエッセイ（テレビ、映画、音楽、グルメ、体験ルポetc.）イラストレーション（アナログ・デジタル問わず）DTP・漫画・デザイン・絵本など様々な企画を構想し、活動を展開中！


私たちのホームページです。

本書のご意見・ご感想は、こちらへ気軽にどうぞ！

ぜひぜひ遊びに来て下さいね！
◆koson-koson WORLD
http://www.din.or.jp/~puan/index.html

販売部

へへっ金をドブに捨てたつもりで買ってきなよー
あんたッ
本あり〼
妻・花子
江戸小太郎

経理部

パノラマパンダおじさん
ヘソパン部下
オラ領収書
ちゃんと売って下さいよー

サポート部
（通称・苦情部）

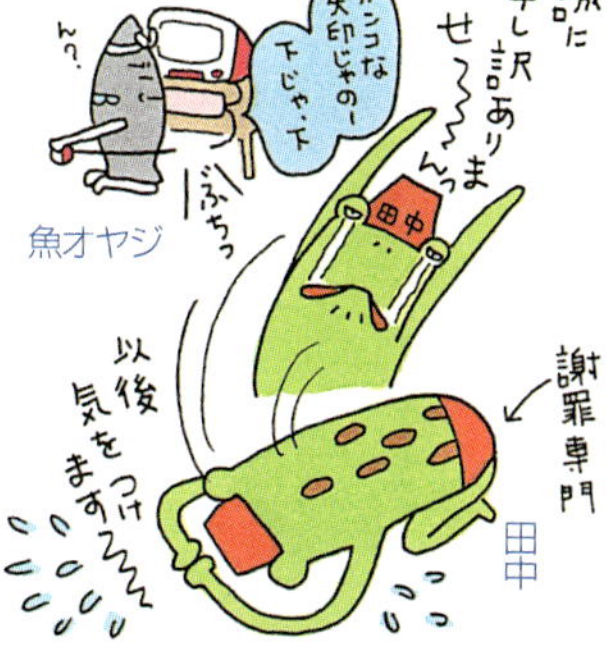
んっ？
ガンコな矢印じゃの～下じゃ下
ぶちっ
魚オヤジ
誠に申し訳ありませ～～んっ
田中
以後気をつけます～～
謝罪専門
田中

知恵の森文庫

バリ島《とう》バリバリ　女たちのムフフ楽園旅行記

Kuma＊Kuma＆よねやまゆうこ

2000年 8 月15日　初版1刷発行
2005年 8 月20日　　8刷発行

発行者―古谷俊勝
印刷所―萩原印刷
製本所―明泉堂製本
発行所―株式会社光文社
〒112-8011　東京都文京区音羽1-16-6
電話　編集部(03)5395-8282
販売部(03)5395-8114
業務部(03)5395-8125
振替　00160-3-115347

落丁本・乱丁本は業務部でお取替えいたします。
ISBN4-334-78027-X　Printed in Japan

お願い

この本をお読みになって、どんな感想をもたれましたか。「読後の感想」を編集部あてに、お送りください。また最近では、どんな本をお読みになりましたか。これから、どういう本をご希望ですか。

どの本にも誤植がないようにつとめておりますが、もしお気づきの点がございましたら、お教えください。ご職業、ご年齢などもお書きそえいただければ幸いです。当社の規定により本来の目的以外に使用せず、大切に扱わせていただきます。

東京都文京区音羽一・一六・六
（〒112-8011）
光文社〈知恵の森文庫〉編集部
e-mail:chie@kobunsha.com